JN089341

集権型システムと自治体財政

「分権改革」から「地方創生」へ

川瀬憲子
Noriko Kawase

自治体研究社

は　し　が　き

　出版社から本書の執筆依頼があったのは、4年前のことである。『集権型システムと自治体財政』と題する著書は、本来、もっと早く上梓すべきであったが、筆者が勤める国立大学法人静岡大学において、大学分離再編の動きに対して、学内で反対運動が起こり、教員有志の会を立ち上げて代表として運動に関わったことも、執筆が遅れた一因である。国立大学は2004年に法人化されて以来、毎年、運営費交付金が1％ずつカットされ、成果主義への転換が著しくなった。しかも、大学では学部自治が形骸化され、学長によるトップダウンによる意思決定が常態化しており、この状況は自治体行財政を取り巻く状況と酷似している。

　静岡大学においては、政府の方針に則って、法人統合が課題となった。静岡大学と浜松医科大学との法人統合と同時に、静岡大学静岡キャンパスと浜松キャンパスを分離して、浜松の工学部と情報学部を浜松医科大学と統合し、静岡地区の大学と浜松地区の大学に分離する案が、急ピッチで進められたのである。学内では歴史ある大学の解体につながるとの声が強く、とくに静岡キャンパスの教員の大半が反対の意を表していた。学生たちの活躍もめざましいものであった。結果的には、分離再編案に反対していた現学長が2020年の意向投票において大差で選出され、学長選考会議においても承認されることとなった。

　この運動で活躍したのが、女性教員有志であった。これまで運動など経験したことのない純粋に学問だけを行ってきた教員が、大学の非常時に立ち上がったのである。筆者はこれまでの地方自治に携わってきた経験を生かして、まずは学習することから始めなければならないということで、教員たちとともに、年に6回ものシンポジウムを開催した。地元マスコミや新聞などでもたびたび取り上げられた。賛同の輪は学内のみならず、やがては静岡市議会にも広がり、地域へと広がる運動の重要性を体感することができたのである。

その結びつきで、いま、学際的な共同研究が生み出されている。地域コモンズとしての酵母の発酵をサステナブルな地域発展につなげようとする試みで、学内に「発酵とサステナブルな地域社会研究所」を立ち上げた。

　さて、2021年度に筆者は、サバティカル（研究専念期間）をいただくことができ、ようやくこれまでの研究をまとめる機会に恵まれた。サバティカルといっても、大学院とゼミは担当させていただき、修士論文7本と学生共同論文の指導にあたった。筆者は、1990年度に静岡大学に赴任して以来、学生たちとともに毎年地域調査を実施して、ゼミ共同論文の作成に携わってきたが、静岡市や浜松市などを事例に取り上げることも多く、何度も自治体調査を行ってきた。リニア中央新幹線開発についても、学生たちの要望で現地調査を行った。調査は、リニア新幹線開発に詳しい元静岡市職員の案内で実施し、マスコミ関係者2名も同行取材された。2020年からは新型コロナウイルス感染症の拡大が著しくなり、地域調査にも制約が加えられることとなったが、地元の自治体には協力的な対応をしていただいた。2020年度には「ウイズコロナのサステナブルな観光まちづくり」をテーマに下田市、2021年度には「コロナ禍の地域医療」をテーマに沼津市と湖西市を取り上げた。その際、沼津市民アンケートを実施することになり、そのアンケートの一部は本書でも取り上げることにした。

　筆者はもともとアメリカの補助金研究を行っており、その成果は『アメリカの補助金と州・地方財政—ジョンソン政権からオバマ政権へ』（勁草書房、2012年）にまとめているが、出版社からの依頼などもあって、20年前に『市町村合併と自治体の財政—住民自治の視点から』（自治体研究社、2001年）、10年前に『「分権改革」と地方財政—住民自治と福祉社会の展望』（自治体研究社、2011年）をまとめた。静岡県内では、静岡市と浜松市が2000年代に政令指定都市を目指す広域的な合併を実施しており、合併後の状況についても、追跡調査を行っていた。これまでの研究においても、静岡県内の事例をたびたび取り上げたが、本書でもその内容の一部を収録している。

　その後、2011年3月11日に東日本大震災が起こったため、しばらくは研究対象を東北の被災地調査に置くことにした。3つの研究グループ（自治体

問題研究所、日本環境会議、日本科学者会議)にて共同研究を行い、その一部は2冊の共著と雑誌の特集号、岡田知弘・自治体問題研究所編『震災復興と自治体―「人間の復興」へのみち』(自治体研究社、2013年)、『環境と公害』(第45巻第2号、2015年)、綱島不二雄ほか編『東日本大震災 復興の検証―どのようにして「惨事便乗型復興」を乗り越えるか』(合同出版、2016年)に収録されている。筆者の担当は、平成の大合併時に広域的な合併を経験した宮城県石巻市となった。南海トラフ巨大地震が想定されるなかで、三陸海岸沿岸自治体の現状と課題をまとめる使命感があると考えたためである。被災地であるにもかかわらず、被災3県の県庁、陸前高田市、石巻市、東松島市、福島市などの自治体では、調査に対して真摯に対応していただいた。特に石巻市には何度もお伺いした。大量の資料をご用意いただき、頭が下がる思いであった。広域的な合併を経験した自治体では、自治体担当者の苦悩にもかかわらず、域内の復興格差が拡大した。2021年11月に宮城県と岩手県を訪れたが、石巻市と陸前高田市などに立派な津波伝承施設が建てられ、被災を経験した方々が語り部となって後世に伝える役割をされている。

　また、新型コロナウイルス感染症が拡大した2021年には、熱海市において伊豆山土石流災害が発生した。新型コロナウイルス対応地方創生交付金事業関連では熱海市、伊東市、下田市の調査を行ったが、本書ではコロナ禍における対応と災害対応にゆれる自治体ということで、熱海市の事例を取り上げた。熱海市は、伊東市、下田市ともに、伊豆半島に位置し、平成の大合併時には単独自治体として存続した自治体である。有名な温泉観光都市であり、被災者にはホテルに滞在できるような措置を講じるなど、「熱海モデル」とでもいうべき対応が行われている。

　地域調査において重要性を痛感しているのは、地域の問題に対して立ち向かおうとする地元住民の運動や訴訟である。沼津市の事例は、1960年代の石油化学コンビナート反対闘争からの歴史をもち、現在では、バブル期に計画された約2,000億円にものぼる鉄道高架事業に対して、学習型・提案型の住民運動を展開している。筆者も微力ながらお手伝いをしているが、地元の方々の取り組みには目を見張るものがある。

今年、ロシアによるウクライナ軍事侵攻が世界を脅威に陥れた。平和といのちの尊さを改めて体感する出来事である。全国の大学や学会においても次々に抗議声明文が出されたが、静岡大学教職員有志でも約230名の署名とともに声明文を出すことができた。

　また、私ごとだが、2021年6月に母が老衰のため他界した。長女として、最期の看取りも経験した。介護日記についてはいずれ何らかの形で書き残したいとも思っているが、23年前、ニューヨーク大学に客員研究員として2人の息子を連れて在外研究に出向いたときには、「ニューヨーク子育て日記」を『住民と自治』誌に連載した。月日の経つのは早いものである。

　この度、激動の10年間をまとめることになったが、本書を執筆するに当たっては、出版社の方々をはじめ、たいへん多くの方々にお世話になった。心より感謝を申し上げたい。主として沖縄の基地財政を研究している夫・川瀬光義とは、毎年、沖縄の地域調査に訪れている。沖縄に行く度に、辺野古新基地建設問題などに苦しむ沖縄の人々と平和の尊さを感じている。恩師である宮本憲一先生は今年で92歳になられるが、理論的にも実証的にも世界水準の研究を続けておられる。私の研究は足もとにも及ばないが、本書が平和と民主主義を愛する人々の一助となれば幸いである。

　　2022年4月

富士山の見える静岡にて

川　瀬　憲　子

目　　次

序章

問 題 の 所 在

本書の課題と背景

　本書の課題は、現行の憲法の理念からみた政府間財政関係の再編過程と、それが地方財政に及ぼす影響について、主として交付税と補助金に焦点を当てながら検証することにある。憲法改正をめぐっては、2012 年に自民党憲法草案（以下、「草案」と略称。）が出されて以来、各方面からの議論も盛んにおこなわれている。「草案」では、憲法の理念でもある国民主権、基本的人権の尊重、平和主義、地方自治において重大な改変が提起されており、地方自治や地方財政に及ぼす影響も大きい。地方自治の章では自治体財政の自立あるいは自律が強調され、地方の役割が縮小されるなど、地方自治の形骸化と集権型システムへの移行が提起されているとみてよい。

　ところで、地方交付税制度をめぐっては、財源保障が自治体のモラルハザードを招くとして、整理縮小や原則廃止といった主張もなされてきた。そうした議論によれば、地方版構造改革をさらに推し進めて、自治体の統合再編や究極の構造改革である道州制へと向かうシナリオなどが描かれている。「草案」にも「広域自治体」が表記されるなど、改憲の方向性も道州制を想定している可能性がある。近年、特に第二次安倍政権以降進められている交付税

1）　本書の対象は日本の交付税と補助金についてだが、アメリカの補助金と州・地方財政については、さしあたり川瀬憲子（2012b）『アメリカの補助金と州・地方財政—ジョンソン政権からオバマ政権へ』勁草書房等参照。
2）　自民党憲法草案と地方財政に関する議論の詳細については、補章参照。
3）　交付税のモラルハザード論に関しては、赤井伸郎・佐藤主光・山下耕治（2003）『地方交付税の経済学—理論・実証に基づく改革』有斐閣等参照。

のトップランナー方式、「地方創生」政策、「国土のグランドデザイン 2050」による日本型コンパクトシティ政策、スーパー・メガリージョン構想、さらには「自治体戦略 2040」で提起されているスマート自治体構想など、一連の集約型国土再編の動きは、この方向性を示すものであるといってよい。[4]

　さらに、2020 年からは、1 月に WHO が新型コロナウイルスを確認して以来、新型コロナウイルスへの対応が進められることになる。2020 年 6 月には、32 次地方制度調査会答申「2040 年頃から逆算し顕在化する諸課題に対応するために必要な地方行政体制のあり方等に関する答申」すなわち、高齢者人口がピークを迎える 2040 年頃から逆算するというシナリオが提起された。[5] 同時に、第二期まち・ひと・しごと創生総合戦略への道筋も示され、同年 7 月には「経済財政運営と改革の基本方針 2020」（2020 年 7 月 17 日）が閣議決定され、12 月には「新経済・財政再生計画改革工程表 2020」が示された。

　「工程表 2020」によれば、社会保障、社会資本、地方行財政の見直しが新型コロナ対策と同時並行して進められることが明記されている。つまり、コロナ禍において、社会保障を徹底的に見直すことが明記され、コロナ感染症が拡大するなかで最も重視すべき医療に対しても、国民健康保険の見直し、地域医療構想のもとに全国 424 の公立・公的病院の見直し案、後期高齢者医療制度の見直しまで示されたのである。これらはすべて自治体行財政に関わるものである。社会資本分野においても、大半が自治体行財政に関わるものであり、行政の守備範囲の徹底的な見直し、規制緩和、PPP／PFI、民営化、スマートシティの推進を推し進めることがうたわれた。

　4）　地方創生、公共施設統廃合、日本版コンパクトシティについては、個々の研究は進められているものの、それらがリンクして交付税措置などの財政誘導とともに国土再編を促しているという点について、実証的に明らかにした研究は、管見による限りあまりみられない。公共施設統廃合と地方財政の関係については、森裕之（2016）『公共施設の再編を問う─「地方創生」下の統廃合・再配置』自治体研究社等参照。また地方創生による地域の再編については、中山徹（2016）『人口減少と地域の再編─地方創生・連携中枢都市圏、コンパクトシティ』自治体研究社等が詳しい。
　5）　32 次地方制度調査会答申（2020）「2040 年頃から逆算し顕在化する諸課題に対応するために必要な地方行政体制のあり方等に関する答申」参照。また、コンパクトシティの効率性については、竹本亨・赤井伸郎・沓澤隆司（2019）「人口減少による都市の非コンパクト化と財政悪化」『財政研究第 15 巻』有斐閣、沓澤隆司・竹本亨・赤井伸郎（2020）「市町村合併が都市のコンパクト化に与える影響」日本地方財政学会編『地方における圏域行政・連携中枢都市圏─日本地方財政学会研究叢書第 27 号』五絃舎等の研究がある。

地方行財政分野の改革に対しては、①自治体 DX 計画とデジタル人材確保を進め（2021 年から実施）、地方のデジタル化について、経済・財政一体改革推進委員会の WG でフォローアップすること、②水道・下水道の広域化計画、都道府県が 2022 年度までに策定する水道・下水道の広域化計画の中に、デジタル化及び PPP／PFI の推進など民間活用に関する事項を盛り込むこと、③自治体間の広域連携について、2021 年度以降、多様な広域連携に取り組む地方自治体間の合意形成を国として支援することといった内容が示された。自治体 DX 計画、上下水道の広域化・民営化など、コロナ対策と同時並行して進められるシナリオが描かれたのである。

　自治体による新型コロナウイルス感染症対策はこうした枠組みの中で、新型コロナウイルス感染症対応地方創生交付金を中心に進められることとなった。さらに 2021 年には、デジタル関連 6 法案（「デジタル庁設置法」「デジタル社会基本形成基本法」「デジタル社会形成整備法」「公金受取口座登録法」「預貯金口座管理法」「自治体システム標準化法」）が可決され、デジタル庁によるトップダウンの政策展開が進められることになる。[6]

本書の位置づけ

　本書では、こうした一連の動きの中で、特に、交付金事業と地方交付税に焦点を当てながら、集権型システムによる集約型国土再編の政策展開によって、地方財政や地方自治にいかなる影響が及ぼされるのかについて論じることとした。東京大学名誉教授の神野直彦（2007）は日本の地方財政の特徴を、「集権的分散システム」として説明され、筆者を含めて地方財政学者の多くがそれに依拠して論じてきた。[7]本書では、人口減少時代において、集権型集約システムへと転じている点に着目し、「集権的分散システム」から「集権型集約システム」への再編過程と位置づけたい。

6）　デジタル化に伴う統治機構の再編や個人情報に関わる問題については、白藤博行・自治体問題研究所編（2020）『デジタル化でどうなる暮らしと地方自治』自治体研究社、同（2021）「デジタル庁の設置と国家統治の DX」『法と民主主義』557 号、2021 年 4 月号等参照。

7）　神野直彦（2007）『財政学　改訂版』有斐閣等参照。

また、2000年の地方分権一括法制定以降、「分権改革」が進められてきた
が、第二次安倍政権以降、一連の「地方創生」政策が展開する中で、ますま
す集権型の様相を帯び始めることとなる。その意味で、サブタイトルを「分
権改革」から「地方創生」へとした。「分権改革」も、「平成の大合併」と同
時並行して進められた「三位一体改革」についてみると、機関委任事務を廃
止して、自治事務、法定受託事務、国の直接執行事務に再編し、国税から住
民税への税源移譲を進めた点、特に機関委任事務の廃止と税源移譲について
は一定評価できるにしても、その実態は新たな集権システムへの展開過程と
も位置づけることができる。詳細は拙著『「分権改革」と地方財政—住民自治
と福祉社会の展望』（自治体研究社、2011年）を参照していただきたいが、本書
はその続編にあたるものである。
　ところで、2021年は東日本大震災から10年の節目に当たる。2011年から
5年間の集中復興期間を終えて、2016年度から第二ステージである復興・創
生期間（2016～2020年度）へと移行した。前半は約26兆円であったのに対
して、後半の総額は約6兆円規模の予算が組まれ、総額にして約32兆円の復
旧・復興事業が進められた。自治体に対しては、復興交付金事業を中心に展
開していくこととなった。筆者はこれまで、何度も東日本大震災後に被災地
調査を行い、主として、宮城県石巻市財政を事例に検証を試みてきた。本書
では、市町村合併による地域内の復興格差に焦点をあてて論じることとした。
　また、憲法改正については、地方自治と地方財政に関する点についてのみ取
り上げ、論点となるところを紹介した。憲法については専門ではないが、改
憲について論じられるなかで、改めて平和憲法である日本国憲法の意義につ
いて考察することも重要である。最後に地方財政権の確立と住民主権の重要
性について論じていくことにしたい。

本 書 の 構 成

　本書の構成は以下の通りである。第1章にて政府間財政関係再編の動きを、
政府予算と地方財政計画との関係で整理し、地方交付税のトップランナー方

式と行政部門の市場化について取り上げる。第2章では、「地方創生」集約型
国土再編と国による地方財政措置の関係について取り上げ、実際に自治体財
政にどのような影響が及ぼされているのかを、静岡市と浜松市を事例に検証
を試みたい。静岡市と浜松市を取り上げる理由は、「平成の大合併」期に政令
指定都市を目指す大規模合併を実施しており、三位一体改革の影響や交付税
特例期間の終了によって財政難が表面化し、そうした中で集約型都市構想が
推進されるなど、典型事例といえるからである。第3章では、スーパー・メ
ガリージョン構想とリニア中央新幹線開発が地域に及ぼす影響について、静
岡県を事例に取り上げる。第4章では、東日本大震災の復興過程における市
町村合併がもたらした功罪について石巻市を事例に検証する。第5章では、
新型コロナウイルス感染症対策と伊豆山土石流災害に見舞われた熱海市の事
例を取り上げ、熱海モデルともいえる取り組みについて紹介する。第6章で
は鉄道高架事業による巨大公共開発を進める沼津市の事例について取り上げ
て検証するとともに、サステナブルなまちづくりのあり方について考察する。
補章では、地方自治・地方財政と憲法改正をめぐる論点について紹介し、地
方財政権の確立と住民主権について論じていくことにしたい。

　そこで以下では、まず合併から集約型国土再編への財政誘導装置としての
交付税・補助金の特徴づけと、集権型システムへの統治機構の再編過程につ
いて焦点を当てながら、論じていくことにしよう。

第1章

政府間財政関係の再編
──財源の中央集中と集権型国家システムへの転換──

第1節　地方分権一括法以降の一連の「分権改革」
──「平成の大合併」とは何だったのか──

1　「三位一体の改革」後の財源の中央集中

　1995年の地方分権推進法が制定されて以来、「分権改革」という名のもとに、自治体の統合再編が行われてきた。2000年には地方分権一括法が制定され、機関委任事務の廃止と法定受託事務、自治事務への再編、さらには三位一体改革による国庫補助負担金の整理合理化、交付税の見直しと税源移譲、分権の受け皿としての市町村合併（いわゆる「平成の大合併」）が進められてきた。三位一体改革（2003～2006年）においては、9兆8,000億円の交付税と補助金の削減と3兆円の税源移譲が実施され、自治体財政に多大な影響を及ぼした。「平成の大合併」は、合併特例債と交付税による財政誘導によるところが大きく、交付税特例終了後に財政難に陥った自治体も多い[1]。

　三位一体改革では、3兆円の所得課税の国から地方への税源移譲が実施されたことは、自治体財政権の拡充という意味では、肯定的に評価することもできよう。しかし、その後の地方財源の国への集中が進み、2008年に、法人事業税の一部国税化、地方譲与税化、2012年「一括交付金」（地域自主戦略

---

1)　市町村合併と自治体財政については、川瀬憲子（2001）『市町村合併と自治体の財政─住民自治の視点から』自治体研究社、同（2011b）『「分権改革」と地方財政─住民自治と福祉社会の展望』自治体研究社等参照。

交付金）が廃止、2014 年度と 2016 年度には、法人住民税の一部交付税の原資化などが実行された。その結果、税源配分は、三位一体改革前の水準にまで戻ったのである。

　図 1-1-1 は、2020 年度決算による国・地方の税源配分を示したものである。租税総額約 104.9 兆円のうち、国税 62％、地方税 38％ の配分となっているが、歳出では、国と地方の割合は、国 44％、地方 56％ となっており、その差額は地方交付税や国庫支出金等によって埋め合わされている。地方税の配分割合の推移をみると、1990 年度から 2008 年度にかけて増加していたが、三位一体改革以降、その割合は 2008 年度の 46％ をピークに年々低下を続けており、2020 年度には 38％（特別法人事業譲与税等を含めると 40％）になっている。地方歳出の割合をみても、2000 年代初頭の 66％ から 2020 年度には 56％ にまで低下しており、事務配分、財源配分ともに中央政府への集中が進んだことが窺える。

　そこで問題となるのが、「分権改革」の過程において実施された、「平成の大合併」が何をもたらしたのかという点である。まずその流れをみた上で、特に第二次安倍政権以降の政府予算と地方財政計画の特徴について論じていくことにしたい。

2　「平成の大合併」とは何だったのか

　2000 年代の「分権改革」において進められたいわゆる「平成の大合併」は、政府による上からの合併推進であった。これまで、1888 年の市制町村制における「明治の大合併」においては、7 万余の町村が 1 万 5,000 程度にまで統合され、1953 年の町村合併促進法における「昭和の大合併」においては、1 万余の市町村が 3 分の 1 にまで統合されたが、これらはいずれも時代の転換期に実施されるという特徴を持っている。明治期においては、封建制から資本制への過程、昭和期においては、戦後改革による市町村の行政守備範囲が拡大する過程において実施された。宮本憲一（2018）は「政府による法制に基づいて事実上強制的に自治体の合併再編を 3 度も繰り返した国は日本以外にない」[2] と指摘されている。

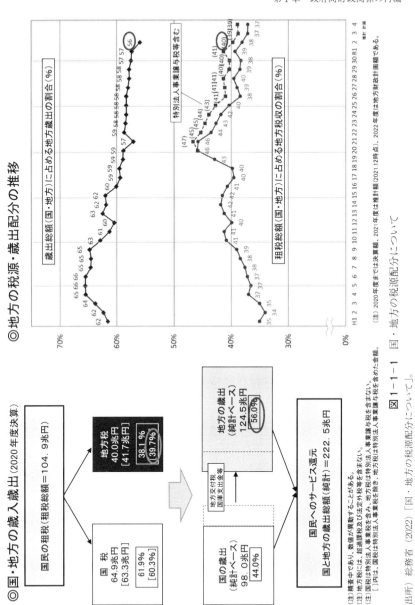

図1-1-1　国・地方の税源配分について

2)　宮本憲一（2018）「市町村合併の歴史的検討」『計画行政』41巻第2号、4頁参照。

「平成の大合併」は、1999年に「市町村合併の特例に関する法律」（以下、合併特例法と略称）が改正されたことに伴い、2005年を期限とする合併特例債などが創設されたこと、三位一体の改革など地方交付税改革が同時並行して実施されたことにより、約3,200の市町村がわずか数年の間に1,700程度にまで統合再編されたのである。交付税を用いたいわゆるアメとムチによる合併推進であった。合併特例法は2005年度に期限を迎え、その後は、新たな局面に突入することとなった。1995年の地方分権推進法制定以降の市町村合併に関わる動きを整理すると、3つの段階に分けることができる。

　第1段階は、1995年から99年までの比較的緩やかな自主的合併の時期であり、東京都あきる野市や西東京市、兵庫県篠山市などがその典型的事例である。大都市圏周辺部における都市化・広域化とそれへの対応をうたったという点で共通した傾向をもっている。

　第2段階は、1999年特例法改正から2005年3月の特例法期限に至るまでの時期で、合併特例債の活用を全面に打ち出し、政府・総務省主導の財政誘導型の市町村合併が強力に推進された。この時期には、浦和市、大宮市、与野市の合併や静岡市と清水市の合併にみられるような政令市創造型合併や、周辺の小規模町村を含めた広域的な合併が全国的に展開した。1999年以降の市町村数の変遷をみると、1999年には、3,232（670市1994町568村）市町村（3月31日現在）であったが、2005年2,192（753市1157町282村）市町村（10月13日現在）、2006年3月31日には1,821市町村（2005年10月13日現在の申請済みベースによる）にまで統合再編された。

　第3段階は、新市町村合併特例法、地方自治法改正、市町村合併特例法改正のいわゆる「合併関連3新法」のもとで、小規模町村の解消と「自主合併」から「半強制合併」への色彩がさらに強められている時期にあたる。合併特例法の適用は事実上1年延長となり、国から都道府県を通じての市町村統合再編をさらに強化させた。2002年の人口5万人未満の市町村に影響を及ぼした交付税改革、さらには2004年度から本格化する交付税削減と国庫支出金の廃止・縮減・一般財源化先行型の三位一体改革による影響によって、さらに小規模町村解消という構図が全国的な広がりをみせていくことになる。その

延長線上には道州制論があり、当時すでに地方制度調査会では具体的な区割り案についての検討が進められつつあった。

3　小規模町村解消策と地域自治区

　小規模町村への解消策が論じられたのは、地方制度調査会専門小委員会の西尾私案「基礎的自治体のあり方について」（2002 年 11 月）において、一定の人口規模に満たない自治体の解消を目標とする見解が示された点に求められる。そこでは、都道府県が補完するという「事務配分比例方式」と基礎的自治体へ編入するという「内部団体移行方式」という具体案が示され、多くの自治体に衝撃を与えるものであった。ただし、人口要件については示唆されなかったが、数値が具体化されるのは「自民党プラン」においてである。「人口 1 万人未満」を小規模町村として、窓口業務などに限定する方針が打ち出されたのである。人口 1 万人未満といえば、半数の自治体にあたる。

　これを受けた地方制度調査会最終答申では、人口 1 万人未満の小規模町村解消や政令指定市をめざす合併などをさらにすすめていく方針が掲げられた。それと同時に、小規模町村解消策に強く反対してきた全国町村会などの提案を受けて、合併の可否にかかわらず、「地域自治組織」が基礎的自治体の事務を分担し、コミュニティを単位とする地域づくりを行う点なども提起された。

　こうした状況の下で、2004 年 5 月に合併関連 3 新法が制定された。それは、「自主合併」から「半強制合併」へという性格を一層際だたせ、これまで合併の是非については市町村の自主的な判断に委ねるとされてきた方針を一転し、都道府県知事の権限をさらに強化するものであった。なかでも、新市町村合併特例法では、合併特例債に代わって合併推進債が導入されたものの、財政的な特典が原則廃止となり、都道府県知事は「法定合併協議会」の設置を市町村に勧告できるようになり、勧告を受けた市町村長は、協議会設置を議会に諮ることが義務づけられた。同法ではまた「合併特例区」の設置が明記された。これは、合併から 5 年に限り旧市町村の区域、または複数の旧市町村を合わせた区域を単位とするもので、法人格をもち土地、施設などを所有し

---

3)　地方制度調査会専門小委員会の西尾私案「基礎的自治体のあり方について」（2002 年 11 月）。

て管理できるというものであった。ここでは市町村長が選任する特別職の区長が置かれ、地域振興や福祉、清掃などについて、ある程度独自の判断で事務ができることになっていた。また、区長が地域の重要事項を実施する時は、「合併特例区協議会」の意見聴取が必要であるとされた。いずれにしても激変緩和措置として、一時的に「合併特例区」や準議会にあたる「合併特例区協議会」を設けて自治のしくみを整えようというものであるが、長による任命制などをみてもわかるように、必ずしもその地域出身者が任命されるとは限らず問題の多い制度でもあった。

　一方、地方自治法改正では、「地域自治区」の設置が盛り込まれた。これは合併しない場合でも、市町村が小中学校の学区など一定の区域を単位に「地域自治区」を設置できるというもので、「合併特例区」とちがって法人格は持たず、長も一般職の事務所長になる。合併後の自治体の長が地域住民から選んで構成する「地域協議会」の意見をとりまとめ、地域福祉や窓口業務などを分担するというものであるが、単なる窓口業務にとどまる可能性も高いものであった。数多くの市町村が統合されるにあたって「地域自治区」を活用とする動きが全国的に高まりをみせ、2005 年 7 月に 12 市町村が合併した静岡県浜松市では、後述のように都市内分権と地域自治区の活用を強調した。都市内分権と住民参加をいかに保障していくのかが問われることとなった。

第 2 節　第二次安倍政権下の政府予算の特徴と地方財政計画

　さて、2012 年の第二次安倍政権以降には、「地方分権」というよりむしろ「中央集権化」と「財源の中央集中」が進んでいることに注目すべきである。それは、政府予算と地方財政計画の特徴（2012～2019 年度）にもあらわれている。

　第二次安倍政権下における政府予算の第 1 の特徴は、防衛関係費つまり軍事費の急増である。2017 年度の防衛関係費は 5 兆 1,251 億円（対前年度比 1.4 ％ 増）、2018 年度においても 5 兆 1,911 億円（対前年度比 1.3 ％ 増）と、過

24

去最高を更新している。[4] これは「中期防衛力整備計画」（2014〜18 年度）に基づく予算編成であり、辺野古新基地建設計画を含む在日米軍再編経費も含まれる。第二次安倍政権発足前の 2012 年度では約 4.7 兆円であったが、7 年連続で急増していることがうかがえる。さらに、新たな「中期防衛力整備計画」（2019〜2023 年度）に関わる 2019 年度予算編成では、伸び率を 0.8% から 1% 超にまで上方修正し、これに在日米軍再編経費（SACO 経費）が加わり、過去最大となった。

　また、防衛関連の研究に対しては、2017 年度に大学などへの補助金を 6 億円から 110 億円に大幅に増加させる内容となり多くの議論を喚起した。

　第 2 の特徴は、社会保障費の自然増加分を抑制するために、2017 年度で約 1,400 億円の削減、2018 年度にはさらにそれを上回る 1,500 億円以上の削減を実施していることである。2017 年度には、一定の所得のある高齢者の負担増によって医療分野で約 950 億円、介護分野で約 450 億円の経費を圧縮した。さらに 2018 年度には診療報酬の見直しで 1,456 億円の削減、生活扶助基準の見直しや医療扶助の「適正化」などが主な内容となっている。生活保護基準の生活扶助の見直しなどで就学支援の基準などにも影響が出ている。また、文教予算についても、科学技術庁予算を除くと抑制傾向にある。

　第 3 に、地方交付税が 2012 年度から 2018 年度まで 6 年連続で削減されたことである（図 1-2-1 参照）。2018 年度地方財政計画によれば、財政規模は、東日本大震災分を含めると約 88 兆円であり、財源不足額は約 6.2 兆円となっている。[5] 2018 年度地方財政計画をみると、通常収支分の歳出内訳では、給与関係費は 20.3 兆円でほぼ前年度並みだが、金額でみれば 65 億円減、一般行政経費 37 兆円は（対前年度比 1.3% 増）、公債費は 12.2 兆円（同 3% 減）、投資的経費は 11.6 兆円（同 2.3% 増）で前年度よりも大幅に増加するといった内容になっており、投資的経費で地方単独分が引き続き 3.2% 増えているのも特徴的であった。

　2018 年度地方財政計画でみた歳入面では、地方税は 39 兆円とほぼ横ばい

---

4)　政府予算については財務省資料による。
5)　地方財政計画については、総務省「地方財政関係資料」各年度版を参照。

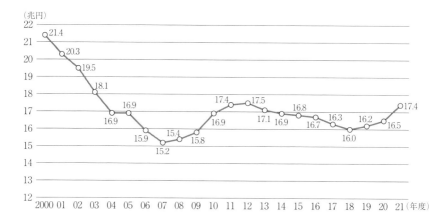

図 1-2-1　地方交付税の推移（2000〜2021 年度）

注）震災復興特別交付税を除く。

出所）総務省「地方財政関係資料」より作成。

（金額でみれば 3,631 億円増）だが、その一方で、震災復興特別交付税を除く地方交付税は 16.0 兆円の水準で、前年度に比べると 2% 減、臨時財政対策債（後年度の地方交付税に振り替えられる地方債）は 4 兆円となっていた。また、東日本大震災分では、震災復興特別交付税は 2016 年度には 2 割近く減少となったが、さらに 2017 年度には 6% 減、2018 年度には 13% 減となった[6]。

　第二次安倍政権下の政府予算と地方財政計画の特徴を整理すれば、軍事費の急増が際立っており、少子高齢化に伴って社会保障関係費が増加しているものの、大幅な見直しが進められていることを考えれば、福祉国家というよりむしろ軍事国家的財政の色彩が強くなっているといえる。

　さらに地方財政において考えなければならない論点の一つは、地方交付税が 2013 年度から 6 年連続で減少を続けたという事実である。三位一体改革で（2003〜2005 年度）に 5 兆円以上の交付税が削減となったが、リーマンシ

6)　東日本大震災復興財政については、第 5 章で取り上げるが、川瀬憲了（2012a）「東日本大震災後の復旧・復興と自治体財政―宮城県内自治体の事例を中心に」『経済研究』静岡大学、同（2013a）「被災者・被災地支援と市町村合併」岡田知弘他編『震災復興と自治体―「人間の復興」へのみち』自治体研究社、同（2013b）「東日本大震災後の政府復興予算・一括交付金と自治体財政―宮城県石巻市を事例に」『経済論集』愛知大学経済学会、同（2015）「市町村合併と復興格差をめぐる現状と課題―宮城県下の自治体の事例を中心に」『環境と公害』、同（2016）「大震災後の復興交付金事業と復興格差をめぐる諸問題」綱島不二雄他編『東日本大震災　復興の検証』合同出版等参照。

ョック後の不況と民主党政権期に交付税が増えたものの、その後は一貫して減少傾向にある。では、地方交付税がなぜ減少傾向になっているのか。以下、その内容についてみていくことにしたい。

第3節　地方交付税のトップランナー方式と行政の市場化

　段階的に地方交付税におけるトップランナー方式が導入されることとなったのは、2016年度のことである[7]。そのねらいは、地方自治体に対して地方行政サービスの効率化を促進させることとされており、教育、福祉、医療などの国民生活に深く関わるような領域に及んでおり、財政的なインセンティブがもたらす影響はきわめて大きいと思われる。

　ところで、第二次安倍政権では、三本の矢（大胆な金融緩和、機動的な財政出動、成長戦略）が基本的な政策の柱とされ、2013年12月には、「強くしなやかな国民生活の実現を図るための防災・減災等に資する国土強靱化基本法」が成立し、公共事業の拡大策が進められる一方、社会保障費の切り下げや人件費抑制策が実施されてきた。さらに、2015年10月には、新三本の矢（強い経済、子育て支援、「介護離職ゼロ」などの高齢者福祉）が打ち出された。国の予算では「一億総活躍社会」の実現や成長戦略などの重要課題に対しては「特別枠」が設けられた。

　さらに、地方財政に対しては、まち・ひと・しごと創生事業として、2015年度地方財政計画から「まち・ひと・しごと創生事業」（1兆円）が計上されているが、「地方版総合戦略」の5年間は継続し、1兆円程度の予算が維持されることとされた。そうした取り組みに対しては、新型交付金が創設され1,000億円が計上された。

　しかし、その一方では、地方財政に対する成果主義への転換、歳出の見直しやサービスの合理化、民間委託などがより一層推進されていくこととなった。こうした背景のもとで、地方交付税の基準財政需要額の算定方式におい

　7）　本節は、川瀬憲子（2016）「地方交付税におけるトップランナー方式の特徴と問題点」『診療研究』518号をもとに加筆修正したものである。

てトップランナー方式が導入されることとなったのである。そこで、本節では、地方交付税の役割を踏まえながら、地方交付税におけるトップランナー方式の特徴と問題点について整理しておくこととしたい。

1　地方交付税の役割と財源

　地方交付税とは、地方自治体の財源を保障し、地域間の財政力格差を是正する重要な役割をもつ制度である。それは「間接課徴形態の地方税」としての性格を有し、憲法で規定されている国民の生存権や生活権を保障し、ナショナル・ミニマムを保障する上では不可欠な制度であるといえる。

　近年では、地域間格差が拡大し、財政力格差もまた拡大する中で、地方交付税はますます重要になってきている。図1-3-1は不交付団体（市町村）の推移を示したものである。2000年代半ばに交付税算定基準の見直しが進められて、不交付団体が増加したものの、2021年現在では、約1,800市町村のうち、不交付団体は54であり、大半が交付税を受けていることが窺える。

　地方交付税には、普通地方交付税と特別地方交付税があるが、普通交付税は94％、特別交付税は6％の割合となっている。普通交付税は、各自治体の基準財政需要額と基準財政収入額によって算定されるが、特別交付税は災害などの特別の財政需要が年度途中で発生した場合などに交付されるもので、一般に、地方交付税という場合には、普通交付税をさしている。

　地方交付税の財源は国税の一定割合（所得税、法人税、酒税、消費税の一定割合及び地方法人税の全額）とされており、地方自治体間の財源の不均衡を調整し、どの地域に住む国民にも一定の行政サービスを提供できるよう財源を保障するためのもので、地方の固有財源であるとされる。[8]

　各自治体の地方交付税の算定に用いられる基準財政需要額は、図1-3-2に示されるとおり、地方交付税法に定められた行政項目ごとの単位費用、測定単位、補正係数を用いて算定される。項目ごとの合計額が基準財政需要額ということになる。また、基準財政収入額は、各自治体の基準税率によって

　8）　総務省「地方交付税制度の概要」による。地方交付税財源は、2022年現在、所得税、法人税の33.1％、酒税の50％、消費税の19.5％、地方法人税の全額である。

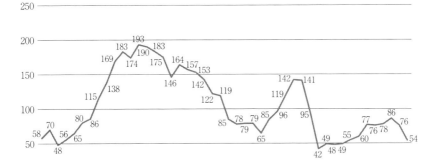

図 1 - 3 - 1　不交付団体数の推移（1976〜2021 年度）

出所）総務省「地方財政関係資料」各年度版より作成。

普通交付税の額の決定方法：

　　各団体ごとの普通交付税額＝（基準財政需要額−基準財政収入額）＝財源不足額
　　基準財政需要額＝単位費用（法定）×測定単位（国調人口等）×補正係数（寒冷補正等）
　　基準財政収入額＝標準的な地方税収入見込額×原則として 75％

普通交付税の仕組

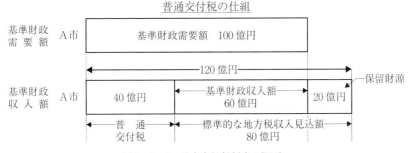

図 1 - 3 - 2　地方交付税制度の概要

出所）総務省（2022）「地方財政関係資料」。

　得られる法定普通税と法定目的税の一部の収入の 75％ に、地方譲与税の法定
見込額を加えたものである。「留保財源」が設けられているのは、地方自治体
に対して徴税努力を促すといったインセンティブを与えるためであるとされ
る。このように、地方交付税制度は、基準財政需要額と基準財政収入額の差
額が、財源不足額として算出されるしくみとなっている。したがって、基準
財政収入額が基準財政需要額を上回る場合には、不交付団体となる。

このように、地方交付税にはミクロ的には財源保障機能、マクロ的には財政調整機能があるとされるが、問題となるのは、財政誘導機能あるいは財政統制機能がビルトインされていることにあり、一般財源であるにもかかわらず、特定財源であるかのように運用されていること、すなわち「交付税の特定補助金化」にある。しかも、そうした側面が拡大しているのである。

2　「経済・財政再生計画」初年度の地方財政計画と地方交付税

　政府の財政制度審議会で示された資料によると、2016年度は「経済・財政再生計画」初年度であるとされ、①国・地方プライマリーバランス改善のため、地方財政計画の歳出を着実に抑制し、歳出歳入のギャップを縮小していくこと、②地方の財政収支改善等の成果を迅速に把握・検証し、事後的に地方財政計画に結び付けること、③歳出「特別枠」や「まち・ひと・しごと創造事業費」等を加えた実質的な地方単独事業の水準について、適正な規模に縮小する必要、④歳出特別枠及び特別加算を速やかに廃止すべき、⑤給与関係経費、公営企業操出金の精査など、地方歳出・歳入の適正化・効率化に取り組む必要があることなどが挙げられている。つまり、職員給与などの人件費削減や地方単独で行う公共事業の縮小など、地方財政の歳出抑制を全面に掲げた方針が出された。

　2016年度地方財政計画（通常収支分）についてみると、その財政規模は、85.8兆円（東日本大震災分を含めると87.7兆円）であり、財源不足額は5.6兆円と、消費税増税が実施される2013年度の13.3兆円に比べると大幅に少ない水準になっていた。通常収支分の歳出内訳をみると、給与関係費は20.3兆円でほぼ前年度並み、一般行政経費35.8兆円は2.1％増、公債費は12.8兆円1.1％減、投資的経費は11.2兆円で1.9％増などといった内容になっており、投資的経費で地方単独分が3％増えているのも特徴的である。

　歳入面では、地方税は38.7兆円と3.2％増となっている一方で、地方譲与税は1割近い減少、震災復興特別交付税を除く地方交付税は16.7兆円の水準で前年度に比べると545億円の減少、臨時財政対策債（後年度の地方交付税に振り替えられる赤字地方債）は3.8兆円と16％減と大きくマイナスとなっ

ていた。

　さらに、2018 年地方財政計画をみると、地方交付税財源は、国税 4 税（所得税、法人税、酒税、消費税）の法定率分等（14.9 兆円）と一般会計における加算措置等（約 7,000 兆円）を合わせた額で示されている。2017 年度と比べると法定率分は 3,700 億円増加しているものの、一般会計からの加算分が 6,000 億円近く削減されていることがわかる。「交付税及び譲与税配付金特別会計」（「交付税特別会計」）に目を向けると、地方法人税の法定率分 6,500 億円が加算され、借入金の償還に 4,000 億円が支出されるなどといった構図になっている。

　国税 4 税の法定率分については、消費税の税率が 2014 年度から 5% から 8% に引き上げられるのに伴って、8% のうち 1.7% 分地方消費税となり、国税としての消費税は 6.3% となっているため、交付税に含まれる消費税相当分は増額となった。

　また、地域間の税源の偏在を是正し財政力格差の縮小を図る目的で、法人住民税法人税割の税率が引き下げられ、その引き下げ分に相当する「地方法人税」が、2014 年度に創設された。課税標準は法人税割である。その地方法人税の法定率分が、交付税特別会計に直接繰り入れられて、地方交付税の原資として加えられている。その一部は、交付税特別会計の借入金返済にも充てられている。また、交付税の「別枠加算」も廃止された。そのため、消費税が増税され、地方交付税の財源が増額されたにも関わらず、交付税総額が 6 年連続でマイナスになるという事態が生じているのである。

　このように、国税の一定割合は交付税財源として「交付税特別会計」に組み入れられ、地方自治体に配分される仕組みになっているが、過去を振り返ってみると、1990 年代から 2000 年代にかけて、交付税特別会計の借入金が急増してきた。それは、景気対策のため地方単独公共事業を推進するために地方債の一部を交付税で措置することや、市町村合併を進めるために合併特例債を交付税で措置するといった諸政策によるところが大きいといえる。一時期、借入金は 50 兆円を突破する規模にまで膨らんだ。

　その後、償還の負担分に応じて、国と地方に分割して計上されている。2007

年度から国負担分借入金残高の全額が一般会計に承継されているため、2007年度以降は地方負担分だけが残されており、2017年度地方財政計画における交付税特別会計借入金の償還額は、4,000億円（当初の計画では5,000億円だったが、1,000億円は後年度に繰り延べられている）。特別会計借入金の支払利子は820億円となっている。2018年度地方財政計画においても、借入金償還額は4,000億円つまり、過去の景気対策や合併推進のために膨らんだ交付税特別会計の借金のツケが、交付税減額の一つの要因となっているといえる。

3 「緊急防災・減災事業」の交付税措置と 「地域の元気創造事業」の成果主義

地方債の一部を交付税で措置する仕組みは、第二次安倍政権以降の「緊急防災・減災事業」などでも用いられている。2014年度から2016年度「緊急防災・減災事業」は、地域の防災力を強化するための施設整備、災害に強いまちづくりのための事業及び災害に迅速に対応するための情報網の構築などの地方単独事業等が対象となっていた。財政措置は地方債の充当率が100%であり、元利償還金についてはその70%を地方交付税の基準財政需要額に算入されるシステムであった。事業年度は、当初、2014年度から2016年度までの原則2年間とされた。こうした地方単独事業に対する交付税措置は、地域総合整備事業債や合併特例債でも実施されてきたが、それが「交付税の補助金化」を招き、地方債を膨らませる要因となってきた。それを踏襲するシステムであるとみてよい。

また、2014年度の「地域の元気創造事業」は地域経済活性化に取り組みための財源として、地方財政計画の一般行政経費に計上されていたものである。地域の元気創造事業に係る財政措置としては、普通交付税において、通常の算定に加えて、各地方自治体が地域経済活性化に取り組むための財政需要が算定されることとなる。その算定にあたっては、人口を基本とした上で、各自治体の地域経済活性化などの成果指標が反映されるシステムになっている。地域経済活性化の成果としては、都道府県分と市町村分では算定に用いる指

---

9) 緊急防災・減災事業の交付税措置は2025年度まで期間延長されている（2021年度現在）。

標が異なるが、産業関係では第 1 次産業産出額、製造品出荷額、延べ宿泊者数など、雇用関係では若年者就業率、従業者数、事業所数、その他では 1 人当たり県民所得、1 人当たり地方税収などといった成果が対象となる。

「地域の元気創造事業」では、行政努力の取り組みも算定の対象となっていた。職員数削減率、ラスパイレス指数、人件費削減率、人件費を除く経常的経費削減率、地方債残高削減率が算定の対象となり、地方行革を促す誘因となってきたる。言い換えれば、地方行革を行うことを前提に、地域活性化のための財政支援を行うといったシステムであったとみることもできる。

4　地方交付税トップランナー方式による成果主義

近年の交付税見直し論において示されているのが、財源保障機能重視から成果主義重視の方向性への転換である。つまり、地方が工夫可能な歳出については、クラウド化の推進や民間委託の推進等の業務改革を行い、その進捗に合わせて地方交付税の算定基準を大きく変えていこうとするものである。そのため、2016 年度から歳出効率化に向けた業務改革でモデルとなるようなものを地方交付税の基準財政需要額の算定に反映するという「トップランナー方式」を導入することや、地方税の実効的な徴収対策を行う自治体の徴収率を、標準的な徴収率として反映することなどが提起された[10]。

特に「トップランナー方式」の導入に対しては、交付税の計算に用いられる単位費用に計上されている全ての 23 業務について導入することとされた。ただし、法令等により国が基準を定めている業務や産業振興・地域振興等の業務は、「トップランナー方式になじまない」ことを理由に対象から外された。2016 年度中に 16 業務について着手し、3 年から 5 年かけて段階的に反映させること、2017 年度以降はその他の業務についても導入を図るとされた。具体的にみると、2016 年度からは、学校用務員事務、道路維持補修・清掃等、本庁舎清掃等、一般ごみ収集、学校給食（調理・運搬）については民間委託等、体育館管理等、公園管理については指定管理者制度導入や民間委託等、庶務業務は集約化、情報システムはクラウド化といった業務改革を行う

10)　地方交付税トップランナー方式については、総務省資料参照。

ことが、基準財政需要額の算定基礎とすることが明記された。

　交付税の基準財政需要額の算定項目は、都道府県では高等学校費、特別支援学校費、道路橋りょう費など、市町村では小学校費、中学校費、高等学校費、道路橋りょう費、清掃費、公園費などといった項目が対象となっている。市町村における一般ごみ収集や学校給食業務などは経費区分が給与費から委託料等に見直しされることとなっているが、それは指定管理者制度や民間委託等への移行を前提に、職員の給与を地方交付税の計算において計上しないことを意味している。

　実際、2017年度は、青少年教育施設の指定管理者制度導入と公立大学運営の独立行政法人化が、2018年度は、窓口業務のアウトソーシングにおいて実施されており、それ以降は、図書館、博物館、公民館、児童館が、アウトソーシングを前提とした算定へと移行するといった計画になっていた。つまり、これらのサービスを民間委託や指定管理者への移行、独立行政法人化をさらに推し進める内容となっていたのである。すでに、これらの領域で指定管理者制度や独立行政法人化などを進めている自治体をモデルとし、まだ移行していない自治体に対しては、交付税による財政誘導によって、強力に推し進めようとするねらいがあるといってよい。自治体職員において非正規雇用が拡大し、行政のワーキングプアがさらに増える可能性もある（基準財政需要額の算定項目別の見直し内容については、表1-3-1を参照）。

　また、基準財政収入額の算定に用いる徴収率の見直しでは、現行の全国の平均的な徴収率として算定する仕組みを見直して、上位3分の1の自治体が達成している徴収率（過去5年間平均）として、5年間で段階的に実施していくことが明記された。これは、個人住民税（均等割、所得割）、固定資産税などの地方税が対象となる。全国的に格差と貧困が社会問題化し、滞納世帯が増えている現状をみれば、きめ細やかな地域におけるセーフティネットづくりなどといった対応が求められることとなるが、徴収率の引き上げが数値目標化し、弱者切り捨てにつながる可能性が懸念されるものであった。

　いずれにしても、成果（アウトカム）の徹底した「見える化」と事業等の進捗・成果について評価する仕組みを設けていくことや、地方交付税におけ

表1-3-1 地方交付税「トップランナー方式」における基準財政需要額の内容

対象業務	都道府県	市町村	基準財政需要額の算定基礎とされる業務改革の内容
（2016 年度） 学校用務員事務 道路維持補修・清掃等 本庁清掃、案内受付等 一般ごみ収集	高等学校費、特別支援学校費 道路橋りょう費 包括算定経費	小学校費、中学校費、高等学校費 道路橋りょう費 包括算定経費 清掃費	民間委託等
学校給食（調理、運搬） 体育館、プール等管理 公園管理	<u>その他の教育費</u> <u>その他の土木費</u>	<u>小学校費、中学校費</u> その他の教育費 公園費	指定管理制度導入、民間委託等
庶務業務（人事等） 情報システムの運用	包括算定経費	包括算定経費	庶務業務の集約化 情報システムのクラウド化
（2017 年度） 青少年教育施設管理 公立大学運営	<u>その他の教育費</u> <u>その他の教育費</u>	その他の教育費	指定管理制度導入 地方独立行政法人化
（2018 年度） 窓口業務（戸籍、住民基本台帳業務、税証明業務、福利厚生業務等）			総合窓口・アウトソーシングの活用
（2019 年度以降） 図書館管理 博物館管理 公民館管理 児童館、児童遊園管理	<u>その他の教育費</u> <u>その他の教育費</u>	その他の教育費	指定管理者制度導入等

注）下線部の項目については、経費区分が給与費から委託料等に見直し。
出所）総務省資料より作成。

るまち・ひと・しごと創生事業費への地域の活性化等の取り組みを反映させていくことなどが打ち出されており、自治体の政策面に大きな影響を及ぼすこととなる。

おわりに

　本章では、地方分権一括法以降の政府間財政関係の再編過程について論じてきた。それは、財源の中央集中と集権型国家システムへの転換が進められた過程でもある。地方財政においては、地方交付税見直しによる「トップランナー方式」の導入など、成果主義への転換が促進されていくこととなった。交付税はますます「補助金化」されると同時に、財源保障機能が弱体化していくことになる。交付税のもつ財源保障機能を重視し、公務労働者の所得保障と行政サービスの質を保障するための方向性こそ求められるべきであろう。

　また、集団的自衛権を提唱する第二次安倍政権下での防衛関係予算は、連続で増額となった。小泉政権下の2000年代初頭でも防衛関係費が史上最高額を更新し続け、沖縄県の名護市に新たな米軍基地を建設する方向が打ち出されていたが、第二次安倍政権下でもそうした点は踏襲されてきたとみてよい。

　また、農業関連では TPP の締結に向けた農業の企業化、大規模化、競争力の強化が強調された。ブラック企業が社会問題化し、非正規雇用の拡大、ワーキングプアの増加、公務労働部門での官製ワーキングプアの拡大など雇用の不安定化が進行しているにもかかわらず労働者派遣法の見直しによる弱者切り捨てがすすめられてきた。

　また、東日本大震災後の被災地では、防潮堤の建設などの大規模公共事業がすすめられたが、生活再建や生業再建は遅々として進まない状況も生み出された（この点については後述する）。いま一度、平和主義を再認識するとともに、社会保障の充実、負担の不公平是正に向けた税制の見直し、基礎自治体を含む公共部門の重要性を再確認する必要があろう。

　そこで、次に、集権型集約システムについて、「地方創生」政策と国土計画についてみていくことにしたい。

第2章

「地方創生」と集約型国土再編
——静岡市と浜松市の事例——

第1節　少子高齢化・人口減少を背景とした
統治システムの転換

　第二次安倍政権以降、人口問題への対応として「地方創生」政策が進められているが、それは、「選択と集中」の強化によって、従来の自治システムを基本とする地方統治機構が解体していく側面をもっている[1]。2014 年 5 月の「ストップ少子化・地方元気戦略」と題するいわゆる増田レポートでは、2010 年から 2040 年までの 30 年間に、若年女性人口が 50% 以下になる消滅可能性都市として 896 市町村を掲げ、地方拠点都市の建設などを提唱した[2]。

　内閣府『高齢社会白書』では、現役世代（15〜64 歳）と高齢者（65 歳以上）を比較し、2015 年では高齢者 1 人に対して現役世代 2.3 人だが、2060 年には 1.3 人になると試算している。日本の合計特殊出生率は 1.46（2015 年）と他の OECD 諸国と比べると比較的低い水準で推移しており、2015 年から「人口減少時代」に入ったとされる[3]。

　ところで、上記の増田プランによる問題提起を受けた形で、人口減少時代への対応として、「まち・ひと・しごと創生法」が可決され、内閣府に「まち・ひと・しごと創生本部」が作られた。①若い世代の就労、結婚、子育て

---

　1)　地方創生政策の批判的検討については、保母武彦（2015）「『地方創生』は国土・環境をどこへ導くか」『環境と公害』第 45 巻第 2 号等参照。
　2)　増田プランは増田寛也を座長とする日本創成会議による報告書。のちに増田寛也編著（2014）『地方消滅—東京一極集中が招く人口急減』中公新書にまとめられている。
　3)　内閣府（2015）『高齢社会白書』による。

の希望の実現、②「東京一極集中」の歯止め、③地域特性に即した地域課題の解決を基本方針として打ち出された。具体的には、中山間地域では小さな拠点、連携中枢都市圏及び近隣市町村定住圏、地域連携やネットワークの形成、大都市圏では地域包括ケアの推進などが提案されており、住民・産官学との連携や自主的な取り組みが強調されている。

そうした目標の実現のために2015年度中に各自治体に対して人口ビジョンと地方版総合戦略の策定が事実上義務づけられた。メニューから選択する方式であり、公共施設老朽化への対応として、公共施設管理計画（アセットマネジメント）の策定なども義務づけられている。2015年度は、補正予算で地方創生先行型交付金あるいは地方創生加速化交付金が、2016年度からは地方創生推進交付金が導入された。各自治体はKPI（重要業績評価指標）を設定しなければならず、結果については政府がPDCA（Plan Do Check Action）サイクルによって効果を検証していくといったシステムである。自治体間では業績を上げるために競争を余儀なくされ、結果が出せなければ、交付金を削減するという形で進められている。「まち・ひと・しごと2017」においては意欲と熱意のある自治体に対して情報支援、人材支援、財政支援という地方財政版三本の矢で強力に推進し、地方創生の新展開を図るとされている。つまり、国主導で上からの地域間競争を促す戦略であり、自治体の集約や再編が余儀なくされる可能性が大きい。

第2節　地方創生交付金と成果主義

次に、地方創生交付金についてみておきたい。「まち・ひと・しごと創生法」が施行された2015年度の補正予算において、地方創生先行型交付金（あるいは地方創生加速化交付金）が創設された。その交付金は、各省庁がもつ補助金縦割りを排除するために、内閣府が所轄することとされた。2016年度からは、地方創生推進交付金が導入され、地方財政計画には、まち・ひと・しごと創生事業として交付税措置分も含めて1兆円規模の予算が計上された。企業版ふるさと納税や地方拠点強化税制などの税制改革といった内容も盛り

込まれた。

　「地方版総合戦略」期間中の 5 年間は、こうした 1 兆円程度の予算が維持されることとされた。地方創生事業の本格的な実施を進めるための財源として、2016 年度から地方創生推進交付金として 1,000 億円が計上された。2017 年度も同じ額の交付金が計上されているが、段階的に「行政改革分」の算定から「地方経済活性化分」へシフトさせること、「取り組みの必要度」に応じた算定から「取り組みの結果」に応じた算定へシフトさせるといった内容になっている。地方創生交付金事業は、地方からの提案に対して内閣府が審査して配分されるもので、地方も費用の半分を負担するため、1,000 億円の交付金の場合、事業費ベースでは 2,000 億円規模になっている。具体的には、都市部の高齢者を地方に移住させる受け皿づくりや地域の特産品の販路開拓、一定の地域に人や企業を集めるための公共交通網の整備などに充てられるという内容である。

　具体例を示そう。静岡県熱海市は人口約 3 万 6,000 人の温泉観光都市である[4]。市では第四次総合計画（2011〜2020 年度）を策定していたが、前期計画を終えた段階で、後期計画に「第 1 期まち・ひと・しごと創生総合戦略」（2015〜2019 年度）を組み合わせる工夫を行っている。人口ビジョンでは、合計特殊出生率を現行の 1.22 から 1.50 にまで上昇させ、2060 年には 2 万人を維持するという計画を立てた。こうした人口ビジョンと総合戦略に対して、地方創生交付金が支出されているが、熱海市の詳細については後述することとしたい。

　また、伊豆半島の最南端に位置する南伊豆町では、第 1 期地方創生総合戦略において、CCRC 推進事業を位置づけており、アクティブシニアを対象とした移住計画を進めている。地方創生交付金事業には、共立湊病院跡地等の公有地に、東京都杉並区と連携しながら高齢者の移住を受け入れる施設整備などにあてられることとなっている。南伊豆町では従来から移住政策を進め

---

4)　詳しくは、川瀬憲子（2011b）『「分権改革」と地方財政─住民自治と福祉社会の展望』自治体研究社、及び「熱海市人口ビジョン」、地方創生総合戦略、熱海市財政課資料参照。2016 年 8 月に熱海市にてヒアリング調査を実施した。

ており、人口自体は自然減となっているものの、若年層も含めてすべての年齢層において社会増を達成している。つまり、「地方創生」政策が進められる前から、一定の定住促進政策を独自に進めてきたのである。[5] 市の担当者の説明によれば、農業関係の移住者が多く、移住後は定住しているという。首都圏の高齢者移住を含む政府の「地方創生」政策にとらわれず、独自の内発的発展の道をたどるべきであろう。

第3節　「国土のグランドデザイン 2050」・集約型国土再編と地方財政措置

　さて、「地方創生」と同時並行して進められているのが、国土形成計画と都市計画である。2014 年 7 月に閣議決定された「国土のグランドデザイン 2050」と、それに続く 2015 年 8 月の「新たな国土形成計画」において、三大都市圏を結ぶスーパー・メガリージョン構想が掲げられた。[6]「グランドデザイン 2050」では、①本格的な人口減少社会に初めて正面から取り組む国土計画、②イノベーションを起こし、経済成長を支える国土計画を三本柱とし、その開発方式として、「対流促進型国土」の形成を掲げている。具体的には、ヒト・モノ・カネ・情報を三大都市圏に集中させ、それをリニア中央新幹線でつなぐことによって、国土利用の効率化を図ることとされ、すでに JR 東海が実施主体であるリニア新幹線に対して 3 兆円の財政投融資が行われた。その特徴は、これまでの国土計画にあるような「均衡ある国土の発展」ではなく、経済のグローバル化への対応や経済成長を最優先させて、国際競争力を高めるために、中央集権型・集約型国土への再編を進めることにあるといってよい。[7]
　さらに、日本型コンパクトシティの形成によって、居住地域や公共サービ

---

5)　南伊豆町ヒアリング調査による。2017 年 3 月実施。
6)　国土交通省（2014）「国土のグランドデザイン 2050」参照。
7)　リニア中央新幹線開発については、川瀬憲子（2018）「大規模開発・リニア中央新幹線開発を問う―静岡県に及ぼす影響を中心に」『住民と自治』2018 年 5 月等参照。リニア中央新幹線開発では 2016 年度と 2017 年度に 1 兆 5000 億円ずつ合計 3 兆円の財政投融資が実施され、計画よりも前倒しで事業が進められている。詳細については本書第 3 章参照。

ス施設を集約化する方針も打ち出された。「経済財政運営と改革の基本方針2016」において、コンパクト＋ネットワークの推進が謳われ、2020 年までに全国 150 の地方自治体における「立地適正化計画」の策定を達成させるといった目標が掲げられ、各省庁横断的な財政支援体制により重点化を推し進めることとされた。

　こうした方針を受けて、2017 年度からは、「公共施設等適正管理推進事業債」が創設され、2018 年度にはその中に「立地適正化事業」が設けられた。[8]
2017 年度から 2022 年度までの 5 年間で、国庫補助事業を補完し、または一体となって実施される地方単独事業が対象となっており、地方債充当率は 90％、交付税算入率は 30％ である。ここでいう国庫補助事業とは、コンパクトシティの推進に特に資するよう、立地適正化計画に定められた都市機能誘導区域内または居住誘導区域内で実施することが前提となっており、これが補助率嵩上げ等の要件とされている。2018 年度からは、さらに交付税算入率については財政力に応じて最大 50％ まで引き上げられることとされた。

　こうしたしくみは、これまでにも補助金と交付税を組み合わせた財政誘導装置として機能してきたが、現在では、日本型コンパクトシティ形成のための手段となっていることに注目すべきであろう。

　この公共施設等適正管理推進事業債には、①集約化・複合化事業、②長寿命化事業、③転用事業、④立地適正化事業、⑤ユニバーサルデザイン事業（2018 年度新設）、⑥市町村役場機能緊急保全事業、⑦除却事業が含まれており、集約型国土再編を推し進める財政装置として機能しているとみてよい。[9]

　①集約化・複合化事業は充当率 90％、交付税措置率 50％ であり、公共施設等総合管理計画、個別実施計画に基づいて行われること、公共施設の集約化及び複合化事業であること、全体として延床面積が減少することといった要件をすべてみたすことが、地方財政措置の条件となっている。しかも、既存施設の廃止が 5 年以内であることなどとなっており、実施期間は 2017 年度から 2021 年度までの 5 年間とされた。②の長寿命化事業は義務教育施設など

---

8)　立地適正化計画については、国土交通省資料参照。
9)　公共施設等総合管理事業債については、総務省資料による。

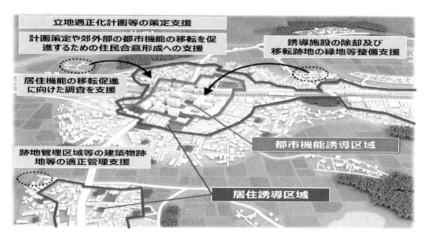

図 2-3-1　コンパクトシティ形成支援事業

出所）国土交通省（2022）「コンパクトシティ形成支援事業」。

の公共施設や河川管理施設などの社会基盤施設が対象で、充当率90％、交付税措置率30％、⑥市町村役場機能緊急保全事業は1981年新耐震基準導入以前に建設され、耐震化が未実施の市町村庁舎の建替え事業、充当率90％（交付税対象分75％）、交付税措置率30％などとなっており、地方財政計画には2017年度3,500億円、2018年度にはさらに4,800億円が計上された。

　2021年現在のコンパクトシティ形成支援事業は、図2-3-1に示されるとおりである。計画策定や郊外部から促進地域への移転に伴う住民の合意形成の支援、誘導施設等の移転促進支援、誘導施設等の跡地の除却処分・緑地等整備の支援、医療施設、社会福祉施設等（延床面積1,000m²）、商業施設、居住機能の移転促進に向けた調査支援、防災対策を位置付けた立地適正化計画に基づく居住誘導区域外の災害ハザードエリアから、居住誘導区域内への居住機能の移転促進に向けた調査を支援などがその対象となっている。[10]

　こうした財政誘導による公共施設等総合管理計画と個別施設計画の策定促進の背景には、市町村合併後の施設全体の「適正化」を推し進めることなどが掲げられている。次節では、平成の大合併期の2003年に政令指定都市をめ

10）　国土交通省（2022）「コンパクトシティ形成支援事業」参照。

ざす合併を実施した静岡市を事例に取り上げ、現状と課題を明らかにしていくことにしたい。

第 4 節　静岡市の地方創生総合戦略と財政

　静岡市は人口約 70 万人弱の政令指定都市である。「平成の大合併」期の 2003 年に旧静岡市と旧清水市が合併し、2006 年に蒲原町、2008 年に由比町を編入して現在に至っている[11]。近年の人口動態をみると、国や県よりも早い 1990 年頃から人口減少が始まっており、社会減、自然減ともに進行していることが窺える。特に清水区の人口減少は顕著である。主な転出先は東京圏となっている[12]。

　市は 2015 年 4 月に「第 3 次総合計画」(2015～2022 年度) を策定したが、それを組み合わせた形で「第 1 期まち・ひと・しごと創生総合戦略」を策定している。市の人口ビジョンによると、2060 年の推計では約 47 万人になるとされ、少なくとも 2025 年には人口を 70 万人に維持するために、6 つの基本目標「まちの存在感を高め、交流人口を増やす」「ひとを育て、まちを活性化する」「しごとを産み出し、雇用を増やす」「移住者を呼び込み、定住を促進する」「女性・若者の活躍を支え、子育ての希望をかなえる」「時代にあったまちをつくり、圏域の連携を深める」を掲げた。

　こうした第 1 期地方創生総合戦略に基づいて、地方創生交付金が支出された。表 2-4-1 は 2014 年度補正予算から 2017 年度予算までの地方創生交付金事業について示したものである。2014 年度補正予算では、先行型交付金として、地域活性化地域住民生活等緊急支援交付金 (国全体では 1,400 億円) として、総合戦略策定事業 (1,000 万円)、南アルプスユネスコパークを活かした交流人口拡大事業 (8,870 万円)、2015 年度には前年度の上乗せとして、静岡型 CCRC 構想推進事業 (2,000 万円)、2015 年度補正からは海洋クラスタ

---

　11)　合併後の静岡市財政への影響については、川瀬憲子 (2011b)『「分権改革」と地方財政─住民自治と福祉社会の展望』自治体研究社等参照。

　12)　静岡市「静岡市人口ビジョン」及び「静岡市地方創生総合戦略」参照。

表 2 - 4 - 1　静岡市地方創生交付金事業（2014〜2017 年度）

2014 年度補正予算	地域活性化地域住民生活等緊急支援交付金（先行型：国予算 1,400 億円） 静岡市総合戦略策定事業（1,000 万円） 空き家バンク構築・活用事業（1,000 万円） 南アルプスユネスコパークを活かした交流人口拡大事業（8,869.8 万円） 訪日外国人旅行者向け消費税免税店拡大と情報発信力強化・受入環境充実事業（3,550 万円）
2015 年度予算	地域活性化地域住民生活等緊急支援交付金（上乗せ分：国予算 300 億円） 静岡型 CCRC 構想推進事業（2,000 万円） 静岡都市圏広域 DMO 推進事業（1,500 万円） 官民連携インバウンド誘致推進事業（1,000 万円）
2015 年度補正予算	海洋産業クラスター創造事業（4,400 万円） 特産茶戦略的輸出支援事業（1,384 万円） 広域連携による水産物を活用した産業活性化事業（2,187 万円）
2016 年度予算	地方創生推進交付金（国予算 1,000 億円） 海洋文化拠点関連事業（1,275 万円） 就活よろず支援体制強化事業（237.5 万円） 生涯活躍のまち静岡推進事業（150 万円）
2016 年度補正予算	地方創生拠点整備交付金（国予算 900 億円） 七間町賑わい創出拠点整備計画（3,195.6 万円） 生涯活躍のまち静岡推進計画（1,250 万円） 駿府城公園周辺ランニング等環境整備計画（2,200 万円）
2017 年度予算	地方創生推進交付金（国予算 1,000 億円）

出所）静岡市ヒアリング調査提供資料による。

ー創造事業（4,400 万円）などが充当されている。2016 年度からは地方創生推進交付金（国全体では 1,000 億円）、さらに補正予算にて地方創生拠点整備交付金（国全体では 900 億円）が予算化され、海洋文化拠点整備事業（1,275 万円）や七間町賑わい創出拠点整備計画（3,195 万円）などに対する地方創生交付金として充当されている。

　静岡市へのヒアリング調査によれば、既存の事業に上乗せする形で申請しているものが多く、金額的にも少額であり、細分化されているなど、使い勝手という点では問題の多い補助事業でもある。問題なのは、熱海市の事例でも指摘したとおり、わずかな期間で KPI にもとづいて成果をあげなければならず、総合的な地域づくりを行う財源としては有効性に疑問が残る[13]。そこで、

13)　比較的財政力指数が大きい長泉町では、地方創生補助金事業の申請自体を行っていない

次に合併後の静岡市財政の特徴を整理しておこう。

1 静岡市財政の特徴と合併特例債

静岡市は 2003 年に政令市をめざす大規模な合併を実施して以来、厳しい財政構造が続いてきた。その最大の理由は、三位一体改革による交付税見直しの影響を強く受けたためである。当時、合併特例法の下で合併特例債の 7 割を交付税措置する仕組みが作られたが、国全体の交付税総額が見直されたことで、計算上は交付税措置がされているとはいえ、交付税削減となってあらわれた。

そのため、合併後の 2004 年には 100 億円の財源不足に陥り、その費用を捻出するために、人件費の見直し、公共事業の重点化、サービスの見直し、公共料金の引き上げなどが実施されてきた。その一方で、2003 年度から 2012年度までの間に約 650 億円の合併特例債が発行され、東静岡地区拠点整備事業、清水駅西土地区画整理事業、清水駅東地区文化施設整備事業などのプロジェクトが次々と事業化されていったのである（表 2 - 4 - 2 参照）。

静岡市と清水市の合併は、1997 年に住民発議によって法定合併協議会が設置され、2003 年度から新設合併という形で人口約 71 万人の都市が形成された事例である。1995 年の合併特例法改正によって創設された住民発議制度が活用された点でも注目された。合併協議会では、静岡市と清水市の中間に位置する東静岡地域の拠点開発構想を中心に、合併特例債の活用を含めて新庁舎の建設、新幹線の新駅建設（調査）、バーチャル水族館・オペラハウス、日本平の総合的整備事業、こども科学館建設、清掃工場建設計画などの公共事業が、両市の総合計画に上乗せする形で次々に企画立案された。いわば、合併特例債活用を高らかに掲げた合併事例である。

合併協議については住民への情報公開はなされたものの、まったく住民不在のまま論議が展開した。合併前に策定された新市建設計画は、10 年間で約5,582 億 5,000 万円であり、10 年間に 1 兆 3,450 億円の税収増が期待できるという試算や合併特例債などの財政優遇措置への多大な期待から、将来の財政

（2017 年 8 月のヒアリング調査による）。

表 2-4-2　静岡市合併特例債主要事業（2003〜2012 年度）

東静岡地区新都市拠点整備事業	98.7 億円
清水駅西土地区画整理事業	32.8 億円
静岡駅前紺屋町地区市街地再開発事業	18.8 億円
城東エリア保健福祉複合施設整備事業	47.3 億円
日本平パークウェイ整備事業	8 億円
駿河区役所建設事業	19 億円
静岡病院建設事業出資	24 億円
小中校舎・体育館耐震化事業（清水地区）	42.4 億円
西ヶ谷清掃工場建設事業	103.7 億円
消防ヘリコプター整備事業	10.1 億円
静岡市立美術館整備事業	13.2 億円
蒲原地区市民センター整備事業	12.3 億円
JR 草薙駅周辺整備事業	0.8 億円
小中校舎・体育館耐震化事業（蒲原地区）	0.5 億円
清水駅東地区文化施設整備事業	69.7 億円
日本平動物園再整備事業	47.3 億円
有度山総合公園整備事業	16.5 億円
清庵地区新構想高等学校整備事業	28.4 億円
合　計	646.8 億円

資料）静岡市提供資料をもとに作成。

見通しの甘い極端ともいえる積極財政が打ち出されていたのである。こうした動きに対して、2002 年には合併の是非を問う住民投票条例制定を求める署名約 10 万筆が両市議会に提出されたが、両市議会で否決された。有権者を対象としたアンケート調査（朝日新聞社）によると両市で反対が過半数となった。事実上の編入合併となる旧清水市のみならず、旧静岡市でも反対意見が多いという状況下での合併であった。

　合併当初の予算をみると、静岡駅前北口地下駐車場エキパ（約 60 億円）、静岡駅前南口再開発事業による静岡科学館の建設（約 67 億円）が完成しており、合併支援策の一環として依存財源が増額され、それが一時的に一種の「合併バブル」を発生させる要因となっていた。全体的に自主財源が減少する一方、地方交付税が 27.5％ 増、国庫支出金が 23％ 増といわゆる依存財源が増加し、地方債は実に 32％ もの増加率を示した。

　ところが、合併から 2 年目の 2004 年度には、深刻な財政難に陥り、次々に新市建設計画に掲げられた事業が頓挫していくこととなる。しかも、財源不足額を補うためにほとんどの基金を枯渇させてしまうほどその事態は深刻となった。それは、政府への合併支援策に依存したために、三位一体改革による影響を強く受けたためである。2004 年度一般会計当初予算の総額は 2,459 億円であるが、市税収入見込額が、1,204 億円と前年度比にして 29 億円の減少となり、合併前の両市の税収総額 1,235 億円（2000 年度）と比べると、111 億円も減少したである。「三位一体改革」によって、全国的に総額 2 兆 9,000 億円（臨時財政対策債を含む）も地方交付税が削減されたが、静岡市でも 70 億円（交付税 39 億円の削減、臨時財政対策債 31 億円の削減）の減少となった。これらの財源不足額は、財政調整基金 42 億円のうち全額に近い 40 億円、各種基金から 17 億円を取り崩して補てんされた。一方、合併特例債は 51 億円が盛り込まれ、城東保健福祉エリア整備事業（子育て支援センターなど）18 億円などが充てられることとなった。合併特例債 480 億円のうち、2003 年度と 2004 年度を合わせて 143 億円（一部は基金）にのぼる。

　こうしたなかで、合併記念事業としての日本平の総合的整備事業（101 億円）やごみ処理施設の建設事業（約 360 億円）などを除く新市建設計画のほとんどが次々に頓挫し、その見直しがもとめられることとなった。しかも、福祉、教育、清掃面を中心に民間委託がすすめられた。2004 年度からは一般家庭可燃ごみ収集業務、病院経営事業、公害関係環境調査業務、静岡科学館（2004 年 3 月開館）など、2005 年度からは上下水道施設、衛生センター、市営住宅維持管理業務などが委託となった。さらに学校用務員、学校給食、保育園、衛生試験所、公民館、図書館などを委託する方向がとられていくこととなる。

　それに加えて、公共料金が一斉に引き上げられることとなった。2004 年度からは国民健康保険料が最大で 2.1 倍、所得 215 万円の階層で 13 万円から 27 万円に、市立幼稚園の入園料は清水市ではゼロであったのが 2,400 円に、学童保育料は清水市で月 1,500 円だったのが 2,000 円の引き上げに、看護学校授業料は 7 万 2,000 円から 10 万 2,000 円へと 41％ も引き上げられるなどと

いった事態となり、とくに公共料金が低かった旧清水市において大幅な負担増が引き起こされた。

さらに、2005年度からは、地方税法の規定により住民税均等割が一人500円引き上げとなるほか（総額1億3,000万円）、2006年度からは政令市への移行に伴って市街化区域内農地の固定資産税の宅地並み課税（5年間で段階的に引き上げ）が実施されるため、最終的には約16億円の増税となる見込みである。ここにおいて、「サービスを低い方に、負担を高い方に」合わせざるを得ない状況が顕著にみられることとなり、市民の負担増と住民サービスの著しい低下を招いている事実が明らかとなったのである。

さらに蒲原町、由比町の編入後、静岡市は2005年度から政令市へ移行した。3つの区が設けられ、区役所が1カ所新設となった。全国の政令市のなかでは最も区の数の少ない都市となった。現行の政令市制度の下では、都道府県から移譲される事務に見合った自主財源が保障されないため、地方都市ほど交付税依存型の構造とならざるを得ない。その後、さらなる自治体リストラが展開していくことになる。

その特徴を整理すれは以下のようになる。第1に、「選択と集中」により拠点地域を中心に社会資本整備が進んだことである。その結果、少なくとも合併後10年間は目的別歳出では土木費、性質別歳出では普通建設事業費が増加した（図2-4-1）。一人当たり土木費は政令指定都市の中では高い水準となった。

第2に、人員削減計画による自治体リストラが進行したことである。2005年度から2010年度までに6,816人から6,396人に、2015年度までに6,120人まで削減するといった計画に従って、人件費の見直しが進められた[14]。その内容をみると、保育園の民営化、高等学校統合、ごみ収集業務委託、指定管理者制度への移行、非常勤職員の活用などとなっており、その後も、人員削減計画に従って、人件費の削減が進められている。交付税のトップランナー方式導入以前からすでに、多くのサービスにおいて、民営化、アウトソーシン

---

14) 静岡市の人員削減計画、国民健康保険などの資料については、静岡市資料による（2017年8月にヒアリング調査実施）。

（千円）

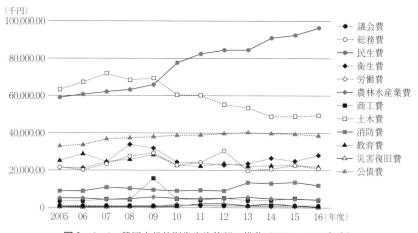

凡例（右側）:
- 議会費
- 総務費
- 民生費
- 衛生費
- 労働費
- 農林水産業費
- 商工費
- 土木費
- 消防費
- 教育費
- 災害復旧費
- 公債費

図 2-4-1　静岡市目的別歳出決算額の推移（2005〜2016 年度）
出所）静岡市「決算カード」各年度版より作成。

　グ、指定管理者制度への移行などが進められているが、交付税のトップラン
ナー方式導入以降もさらに続いていくこととなる。
　第 3 に、財源不足の拡大による積立金の取り崩しと退職手当債の発行に伴
って、さらに行政改革が進められていることである。2008 年から 2011 年の
間に毎年 60 億円から 80 億円の退職手当債が発行されており、その後も 90 億
円から 110 億円の財源不足が続いている。
　第 4 に、地方債現在高が増加していることである。その内訳をみると、通
常債が抑制されているのに対して、合併特例債、臨時財政特例債の割合が高
くなっている。静岡県がまとめた 2016 年度における市民 1 人当たりの将来
負担を含む財政負担（地方債＋債務負担行為−積立金を、住民基本台帳人口
で割った数値）についてみると、静岡県内では静岡市が 50 万円を超える最も
高い数値となっている。
　第 5 に、国民健康保険や上下水道などの公共料金負担が増加したことである。
所得 200 万円（2 人家族）の場合、26 万 4,200 円（2011 年）から 34 万 1,900
円（2012 年）、所得 300 万円（3 人家族）の場合、38 万 8,900 円（2011）か

15）　静岡市「決算カード」各年度版の分析による。図表は割愛した。

ら52万7,900円（2012年）となるなど、2013年度には国民健康保険料は政令指定都市の中で2番目に高い水準となった。

　2018年度静岡市予算をみると、一般会計予算3,122億円、特別会計2,386億円、企業会計773億円の規模である（ただし、2018年度から国民健康保険事業会計が都道府県単位化に伴って共同事業拠出金などの減少により142億円減となっている）。市の予算編成方針によれば、アセットマネジメント基本方針や第3次行財政改革推進大綱に基づく取り組みを市財政に反映させるとしている。「静岡市重点施策2018」では、世界に存在感を示す3つの都心づくり、つまり、歴史文化の拠点づくり（静岡都心）、海洋文化の拠点づくり（清水都心）、教育文化の拠点づくり（草薙・東静岡地区）といった3つの都心づくりや、人口減少対策などが掲げられており、都心づくりが強調されている。これらの方針は集約型都市構造の形成へとつながっていくこととなる。

2　アセットマネジメントアクションプログラムによる公共施設統廃合計画

　静岡市におけるアセットマネジメントアクションプラン（第1次：2017〜2022年度）では、総資産量の適正化や施設の長寿命化に取り組んでいくとされる。[16] 当初の計画では、2017年度から2018年度に15,000m^2、2019年度から2023年度までに約30,000m^{2}の公共施設面積を縮減する方針であったが、2022年度の改訂版では、2017年度及び2018年度で約17,900m^2、2019年度から2022年度で約13,400m^2、合計で約31,300m^{2}の床面積が縮減されることを見込んだ計画になっている（表2-4-3）。

　具体的には、表2-4-4に示されるとおり、方向性が示されている。高齢者福祉施設、障害者福祉施設、保健・医療施設、学校教育施設、コミュニティ生涯学習施設、産業振興施設、市営住宅、児童施設、スポーツ施設、リクリエーション施設、文化等施設、図書館、駐車場・駐輪場、防災・消防施設、

---

16)　静岡市（2016）「アセットマネジメントアクションプラン（2017-2022）」及び静岡市（2022）「アセットマネジメントアクションプラン（第1次　2017-2022年度）改訂版」参照。

表2-4-3 静岡市アッセトマネジメントプランによる縮減の見込み

施設群	利用用途別分類	評価対象面積	主な実施内容	縮減面積 2017-18	縮減面積 2019-22
1. 高齢者福祉施設	①高齢者生活福祉センター	2,594.36			
	②養護老人ホーム	8,518.11			
	③老人福祉センター	11,152.20			
	④世代間交流センター	2,569.18			
	⑤老人憩の家	835.55			
	⑥その他高齢者福祉施設	1,052.00			
2. 障害者福祉施設	①障害者自立支援・生活介護等施設	11,581.51	民営化	4,437	
	②心身障害児支援施設	1,640.04			
	③障害者相談・交流施設	1,317.38			
	④障害者歯科保健施設	202.64			
3. 保健・医療施設	①保健福祉センター	12,833.62	減築	588	
	②急病センター	1,124.39			
	③診療所	736.65			
	④その他保健・医療施設	15,265.22			
4. 学校教育施設	①小学校	500,857.31	建替え・統合	1,057	▲343
	②中学校	330,332.34	統合		▲1,319
	③高等学校	33,827.47			
	④給食センター*	23,031.16	建替え	▲866	
	⑤青少年育成施設	9,663.31	廃止・減築		689
	⑥その他教育関連施設	5,627.04			
5. コミュニティ・生涯学習施設	①生涯学習施設	49,914.35	建替え等	755	105
	②市民活動・男女共同参画施設	5,814.16			
6. 産業振興施設	①中小企業支援施設	9,479.41			
	②勤労者福祉センター	14,442.44			
	③都市山村交流センター	1,851.50			
	④その他産業振興施設	10,919.43			
7. 市営住宅等	①市営住宅*	455,863.73	廃止	12,138	8,075
	②職員住宅	3,725.81	建替え		596
	③寄宿舎	1,521.99			

8. 児童施設	①こども園	50,996.18	民営化等		2,873
	②児童クラブ	3,664.59	建替え		▲171
	③子育て支援センター	866.18			
	④児童館	4,698.79			
9. スポーツ施設	①スポーツ施設	97,636.81			
10. レクリエーション施設	①観光施設	14,332.70			
	②キャンプ場	2,247.00			
11. 文化等施設	①劇場・ホール	51,425.17			
	②博物館・展示施設	18,621.01			
	③文化財施設	1,533.01			
	④動物園	11,218.08			
12. 図書館	①図書館	25,590.71			
13. 駐車場・駐輪場	①駐車場・駐輪場	40,489.68	建替え等		1,409
14. 防災・消防施設	①消防庁舎	21,615.48	建替え	▲985	
15. 庁舎等業務施設	①本庁舎	85,773.93			
	②支所・出先事務所	12,601.01	廃止	245	
	③書庫・倉庫	4,137.41			
16. その他	①清掃・処理施設	86,816.41	統合		3,960
	②斎場	6,061.23	建替え等	▲3,714	
	③霊園	633.78	廃止	21	
	④看護専門学校	8,403.48			
	⑤児童相談所	1,369.73			
	⑥その他	65,445.86	廃止等	4,241	1,386
（16 施設群）	（52 分類）	2,144,472.53		17,917	17,260

注）縮減面積の▲は増を示す。　＊2016 年 2 月現在。
出所）静岡市（2022）「静岡市アセットマネジメントアクションプラン（第 1 次　2017-2022 年度）改訂版」。

　庁舎等業務施設について、それぞれ方向性が示されている。その領域は、福祉、教育、文化など多岐にわたっている。

　図 2-4-2 のアクション期間において、廃止をはじめ、統廃合や民営化が計画されており、市民生活に及ぼす影響は計り知れない。具体的には、障害者自立支援・生活介護等施設は民営化による縮減、保健福祉センターは減築、

表2－4－4　静岡市利用用途別アセットマネジメントの方向性（2022）

施設群	利用用途別分類	今後のマネジメントの方向性
1　高齢者福祉施設 （19施設）	①高齢者生活福祉センター	継続・複合化
	②養護老人ホーム	継続
	③老人福祉センター	複合化・統廃合
	④世代間交流センター	複合化・統廃合
	⑤老人憩の家	複合化・統廃合
	⑥その他高齢者福祉施設	民営化
2　障害者福祉施設 （15施設）	①障害者自立支援・生活介護等施設	継続・民営化
	②心身障害児支援施設	継続・民営化
	③障害者相談・交流施設	継続・民営化
	④障害者歯科保健施設	継続
3　保健・医療施設 （18施設）	①保健福祉センター	継続・複合化・統廃合
	②急病センター	継続
	③診療所	継続・複合化・民営化
	④その他保健・医療施設	継続・統廃合・民営化
4　学校教育施設 （153施設）	①小学校	継続・複合化・統廃合
	②中学校	継続・複合化・統廃合
	③高等学校	継続・複合化
	④給食センター	継続・民営化
	⑤青少年育成施設	統廃合
	⑥その他教育関連施設	継続・複合化
5　コミュニティ・生涯学習施設 （42施設）	①生涯学習施設	継続・統廃合・複合化・民営化
	②市民活動・男女共同参画施設	継続・複合化・統廃合
6　産業振興施設 （15施設）	①中小企業支援施設	統廃合・民営化
	②勤労者福祉センター	統廃合・民営化
	③都市山村交流センター	継続・複合化
	④その他産業振興施設	複合化・統廃合・民営化
7　市営住宅等 （201施設）	①市営住宅等	継続・統廃合・民営化
	②職員住宅	継続・民営化
	③寄宿舎	継続・統廃合・民営化
8　児童施設 （107施設）	①こども園	継続・複合化・統廃合・民営化
	②児童クラブ	継続・複合化・統廃合

	③子育て支援センター	継続・複合化・統廃合
	④児童館	継続・複合化・統廃合
9 スポーツ施設（27 施設）	①スポーツ施設	継続・複合化・統廃合・民営化
10 レクリエーション施設 （37 施設）	①観光施設	継続・統廃合・民営化
	②キャンプ場	統廃合・民営化
11 文化等施設 （22 施設）	①劇場・ホール	継続・民営化
	②博物館・展示施設	継続・統廃合・民営化
	③文化財施設	継続
	④動物園	継続・民営化
12 図書館（12 施設）	①図書館	継続・複合化
13 駐車場・駐輪場 （22 施設）	①駐車場・駐輪場	駐車場：統廃合・民営化 駐輪場：継続・民営化
14 防災・消防施設（24 施設）	①防災・消防施設	継続・複合化
15 庁舎等業務施設 （34 施設）	①本庁舎	継続・複合化
	②支所・出先事務所	複合化・統廃合
	③書庫・倉庫	複合化・統廃合
16 その他 （35 施設）	①清掃・処理施設	継続・統廃合・民営化
	②斎場	継続・民営化
	③霊園	継続・民営化
	④看護専門学校	継続・統廃合
	⑤児童相談所	継続
	⑥その他	継続・統廃合

出所）静岡市（2022）「静岡市アセットマネジメントアクションプラン（第 1 次　2017-2022 年度）改訂版」。

小学校は建て替え・統合、中学校は統合、給食センターは立て替えによる縮減、青少年育成施設は廃止・減築、市営住宅は廃止、こども園は民営化、児童クラブは建て替えによる縮減などとなっている。

　人口減少時代に入り、既存の施設が老朽化し、統廃合などが求められているのは事実だが、性急な事業計画の実施は市民の生活権を脅かす可能性がある。また、共働きやひとり親世帯が増加している現在において、少子化対策に必要不可欠な児童施設なども多く含まれている。さらに庁舎や拠点病院の集約などは、地域経済や市民生活にも影響を及ぼすため、行政のみならず地

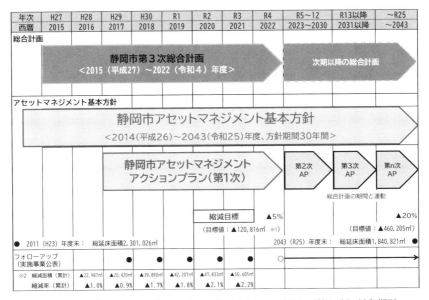

図2-4-2 静岡市アッセとマネジメントアクションプラン（第1次）対象期間

注）1）2022年度までにおける縮減目標値（120,816m²）は、2016年度末のアクションプラン策定段
　　　階において、施設所管局で見込んだ「機能廃止」（当該施設での機能を廃止・建物は残存）及
　　　び「施設廃止」（解体、民営化等）の予定施設の面積を元に、公共資産経営課（当時）にて推
　　　計した数値。
　　2）フォローアップに記載の縮減面積は、本市公有財産台帳の集計値より算出。2020年度は暫
　　　定値（次年度決算議会にて確定）。
出所）静岡市（2022）「静岡市アセットマネジメントアクションプラン（第1次　2017-2022年度）
　　　改訂版」。

域住民も含めた議論が、今後とも引き続き検討が必要となろう。[17]

　そこで、最後に、庁舎や病院などの都市機能の拠点地域への集約で問題と
なっている清水駅周辺地区を事例にみておくことにしよう。

3　拠点地域への都市機能誘導と清水開発計画
——津波浸水区域への誘導——

　第3次静岡市総合計画では、都市計画マスタープランにおいて集約連携型

　17）　個々の施設の統廃合や民営化がもたらす影響については、別途検証する必要があるため、
　　別稿に譲りたい。

都市構造が掲げられ、立地適正化計画においてコンパクトなまちづくりを進めていくとされている。国土交通省の立地適正化計画においては、集約化拠点形成区域、利便性の高い市街地形成区域、ゆとりある市街地形成区域の設定を行い、2015年度に基本方針、2016年度に集約化拠点形成区域の公表を行い、5年ごとに数値目標に沿って計画が進められているかの点検が行われることとなっている。こうした期限付きの計画と地方財政措置による財政誘導も影響していると考えられる。

　静岡市では、こうした国の政策を受けて、6つの拠点に都市機能を集約させる計画を打ち立てた。この中で最も議論を喚起しているのが、清水駅周辺地区の開発計画である。市の立地適正化計画では、清水港周辺にある海洋関連産業や教育機関を活かして「国際海洋文化都市」をつくるとされる。清水駅周辺の誘導区域には、市役所（市庁舎）、区役所、総合病院、子育て支援センター、地域福祉推進センター、大学、専修学校、博物館、大規模ホール、図書館などを集約させる計画になっている。この中には、総事業費約240億円の「海洋・地球総合ミュージアム」建設計画も含まれている（2022年現在）。

　その計画内容をさらにみれば、多くの問題が浮かび上がってくる。具体的には、当初の計画では、津波浸水区域に清水庁舎と桜ヶ丘病院を移転させ、集約させるという計画になっていることに加え、清水駅前にLNG火力発電所3基も誘致する計画も含まれており、地元で賛否を含めた議論が展開したのである[18]。

　経緯について少し説明しておこう。桜ヶ丘病院は清水区に3つある市指定の救護病院の一つで、もともとは国立病院だった。2014年からは社会保険庁から独立行政法人「地域医療機能推進機構」（以下、JCHOと略称。）に運営権が譲渡された。社会保険庁が管轄であった当時、病院が老朽化しているため、2000年代初頭に移転先として内陸部の大内新田の農地約2万9,000m²を購入していた。しかし2014年に経営権が譲渡されると、不便な立地であるという

18)　清水駅前にLNG火力発電所を3基誘致する計画は、市民運動により、凍結されることとなった。筆者も執筆に参加したが、その記録は著書に纏められている（清水まちづくり市民の会編（2020）『まもろう愛しのまちを—LNG火力発電所計画撤回の歩み』静岡新聞社）。

理由で、移転先を見直すこととなった。病院を運営する JCHO が静岡市に相談したところ、2016 年に清水庁舎（跡地）を移転候補地として示された。清水庁舎を清水駅に隣接する公園に移すことが前提の議論である。2017 年、病院を運営する ICHO が清水庁舎に移転を発表し、当初の移転候補地である大内新田を放棄する方針であるとした。この間、パブリックコメントも多く寄せられたが、市の方針は変わっていない。

　さらに、清水駅前に東燃ゼネラルの LNG 火力発電所 3 基を誘致する計画も浮上した。桜が丘病院は内陸部に立地しているが、清水庁舎も清水駅も海の近くに立地しており、津波浸水区域に指定されている地区でもある。地域防災計画とは関係なく都市機能の集約方針が決定されていたのである。集約化が進められようとしている地域は、静岡市地域防災計画を見れば、津波浸水、液状化、全壊焼失の危険性が指摘されている地区とほぼ重なる。

　現在の清水庁舎は「津波浸水区域」（約海抜 2 メートル）に立地している。第 4 次地震被害想定では、最大 1.4 メートルの津波が想定されている。こうしたなかで、地元市民は、市に対して、桜ヶ丘病院に隣接する「清水桜が丘公園」を移転候補とするよう要望書を提出した。これに対して市（田辺市長）は、用途地域の変更手続きの煩雑さなどを理由に否定したのである。

　一方、静岡県（川勝知事）は「人の命」にかかわる問題であるとして、内陸部の桜が丘公園が望ましいとした。現在の桜ヶ丘病院は海抜 8 メートルであり、都市公園法の問題は対応できるように配慮するとし、災害時に治療を受けなくてはならない人を運ぶ救護病院を、今の安全な場所から津波が来る場所に移すのは全国的にも例がないとして反対した。その後、コロナ禍において清水庁舎の移転は凍結となったが、その代わり、桜ヶ丘病院が内陸部から海岸近くに位置する清水駅東口公園等に移転される方針に切り替えられた。

　「立地適正化計画」にて、まちの集約を掲げる自治体は約 9 割にものぼる。津波浸水リスクの高い地区にも居住を誘導しており、ハザードマップでは 1 メートル以上の浸水で床上となり、3 メートル以上で 2 階まで浸水することとなる。日本経済新聞社（2018）によると、人口 10 万人以上の 54 都市対象の聞き取り調査にて、48 市で 1 メートル以上の浸水想定区域の一部が居住誘導

区域であることが明らかになっている。46市では2メートル以上の区域とも重なる結果となった。大阪府枚方市では居住誘導区域の85％が1メートル以上で、6割で3メートル以上のリスクがある[19]。地理的な要因で、津波浸水区域を除くことが困難なケースもあるが、広島県東広島市では2018年の西日本豪雨で居住誘導区域に浸水しており、地域防災計画と切り離して、津波浸水リスクの高い地域に居住誘導することに対して疑問を抱かざるを得ない。

　静岡市では、東燃ゼネラル3基のLNG火力発電所を清水駅前に誘致する計画に対して、地元住民が7つもの組織を立ち上げ、積極的に学習型住民運動を展開し、現時点では、白紙となっている。しかし津波浸水杭域への都市機能等の集約方針は変わっていない。2020年11月25日、同市重要政策決定会議において、桜ヶ丘病院移転の候補地として4カ所（清水駅東口公園、清水駅東口広場、民有地2カ所）をJCHOに提示することを決定した。その選定理由の第1にあげられているのが、「コンパクトシティを目指す清水都心のまちづくり」に合致させることにあるとされる。そこで問題となるのが、コンパクトシティ構想についてである。2002年成立の都市再生特別措置法におけるコンパクトシティ構想についてみておくと、小泉内閣のもとで、「骨太の方針」を受けて民間主導による規制緩和を中心とした都市再生を進めるために制度化されたもので、六本木ヒルズ再開発などがその典型だが、基本的にハード中心の開発指向型である。それに対峙されるものは、住民主体のくらしを中心としたまちづくり、職住近接などがコンセプトとなっているものである[20]。

　2000年代初頭には、まちづくり3法も策定されている。まちづくり3法は大型店の郊外立地の影響で都市中心部が衰退したことを受けたもので、大都市や地方都市で郊外化が進展し、中心市街地の空洞化が社会問題化した時期に、中心市街地活性化法、都市計画法改正、大規模小売り店舗立地法による

　19）　『日本経済新聞』2018年9月2日付。
　20）　都市論の理論的系譜では、古くは、ロバート・オーエンの工場村、ハワードの田園都市論、L・マンフォードの都市の文化論、関一の「住み心地よき」都市論、都市の成長管理政策、創造都市論などがあげられる。詳しくは宮本憲一（1999）『都市政策の思想と現実』有斐閣、佐々木雅幸（2012）『創造都市への挑戦─産業と文化の息づく街へ』岩波書店等参照。

新たな枠組みが作られた。それ以前の都市政策は、大店法のもとで、郊外の大型店立地を進める政策、つまり、都市のスプロール化を進める政策がとられていたとみてよい。この政策は、モータリゼーション、車社会を前提とした都市づくりをコンセプトとしていた。公共交通があまり発達していない大都市郊外や地方圏などでは、社会的弱者、特に交通弱者にとっては住みにくい都市となるため、コミュニティの充実確保などが課題となっている。したがって、ヨーロッパの都市のように、都心部は車の乗り入れ規制とLRTやバス（コミュニティバスを含む）といった公共交通機関を整備して、徒歩圏で暮らせるまちをめざすことが基本となる。

　2014年8月の都市再生特別措置法の一部改正で、立地適正化計画制度が創設され、2017年3月に「静岡市立地適正化計画」が策定された。その中で、集約化拠点形成区域の一つとして清水駅周辺地区が選定された。そこに誘導する施設として、市民の生活の豊かさや利便性の向上、まちのにぎわいを生み出す観点から、行政施設・医療施設等があげられている。桜ヶ丘病院の候補地として進められている清水東口公園は津波浸水区域（浸水深さ2.2メートル）であり、誘導施設として医療施設を挙げることについては、当初から多くの市民の間で疑問視されてきた。

　すでにみたように、2014年は「国土のグランドデザイン2050」が策定され、その国土計画の一環で、都市再生特別措置法が改正され、都市計画において立地適正化計画制度が創設された。この時期には、安倍政権のもとで「まち・ひと・しごと創生法」が策定され、いわゆる「地方創生」政策が展開し始める時期にあたる。効率性を重視して、「コンパクト・プラス・ネットワーク」をコンセプトに、集約化拠点を中心にまちづくりを進めようとするところに特徴がある。

　立地適正化計画は、建前では自治体の自主性に任されているが、交付税措置によって財政誘導が行われていることについてはすでにみたとおりである。国の方針に従って集約化を進めれば交付税措置を受けられるため、多くの自治体が立地適正化計画を策定する傾向にあるとみてよい。国土交通省が示す立地適正化計画では、都市機能誘導区域の中に、医療・福祉・子育て・商業等

が含まれている。中心部に商業機能を立地するのは必要だが、医療・福祉・子育て施設は、郊外のコミュニティにおいても必要な機能である。

　医療・福祉・子育て施設まで都市機能区域に誘導するのは、極端な効率性重視の考え方であり、「不採算」な郊外地域を切り捨てていこうという考え方を示すものといえる。これは、本来の住民のくらし中心のコンパクトシティ論とはかけ離れた論理である。本来のコンパクトシティは中心市、郊外ともに、コミュニティについては徒歩圏で暮らせるまちづくりをめざすものであり、あらゆる機能を中心部に集約するものと解釈するのは問題がある[21]。とくに、津波浸水区域に医療施設を誘導するのは論外であると言わざるを得ない。

　コンパクトシティをめぐっては、富山市や青森市がコンパクトシティの先進事例として取り上げられてきた。富山市はLRTをつくって、ヨーロッパ型のまちづくりをめざしており、一時期は成功事例として紹介されることが多かったが、現在では、周辺部へのマイナスの影響などといった課題も残されている[22]。

　アメリカの都市をみた場合、北東部のニューヨーク、ボストンや西部のシアトルやポートランドのように、鉄道、地下鉄、バスなどの公共交通機関が発達しており、都心部を拠点に同心円状の都市構造になっている地域の方が、公共交通機関があまり発達せず、車社会になっている地域に比べて、住みやすさのランキングが高い傾向にある。また、シアトルなどは成長管理政策でも注目された都市である。ヨーロッパの諸都市でも、公共交通機関が発達している地域が多く、それぞれの都市において、生活者の視点からアメニティや住みやすさを重視したまちづくりを実践している事例が多くみられる。

　都市には歴史があり、コミュニティがある。人為的に都市機能を中心部に誘導するのは、よほど地域住民のコンセンサスを得られない限り、多くの問題を残すことになる。東日本大震災後に、極度のコンパクトシティ化を進めようとして失敗した事例もある。住民のコンセンサスが得られない津波浸水区域への桜ヶ丘病院の移転は、将来にわたって大きな禍根を残すことになり

21)　五十嵐敬喜（2022）『土地は誰のものか─人口減少時代の所有と利用』岩波新書参照。
22)　詳しくは『住民と自治』2017年4月、コンパクトシティ特集号参照。

かねず、再考すべきではないかと思われる。

　2020 年 6 月の都市再生特別措置法の一部改正によって、ようやく「災害レッドゾーンである災害危険区域（出水等）に、自己の業務の用に供する施設として病院等の開発は原則含まれない」と規定された。災害レッドゾーンが未決定の現時点において、桜ヶ丘病院の駅東口への移転を進めている点については、2014 年に立地適正化計画が策定された当時から、筆者らは、災害危険区域への都市機能誘導、居住誘導には問題があると指摘してきた。ハザードマップ作成などは多くの自治体で行われているはずだが、立地適正化計画と防災計画は切り離して制度設計され、運用されたのである。立地適正化法施行から 6 年たってようやく、「災害レッドゾーン」への病院等への誘導を禁止する都市再生特別措置法の改正が行われたが、すでに 6 年も経過しているため、多くの自治体では災害リスクに関わりなく立地適正化計画を策定する傾向にある。

　清水駅東口公園は津波浸水区域でもあり、明らかに「災害レッドゾーン」候補地である。そのことを踏まえて慎重に立地選定すべきであり、東日本大震災では、多くの病院が被災した。入院患者の避難は困難を極めた。その教訓を学ぶべきであろう。

　これまで、清水駅周辺地区への都市機能集約過程についてみてきたが、移転問題が浮上した時期は、地方創生政策、立地適正化計画、アセットマネジメント政策による集約型国土再編が進められた時期とほぼ重なっていることがわかる。憲法に保障されている基本的人権、生活権という観点から見ても大きな問題であるといえよう。

第 5 節　集約型まちづくりと区域再編
——浜松市の小規模町村編入合併とその後の展開——

1　静岡県内の市町村合併状況と交付税

集約型まちづくりが積極的に行われているのは、主に広域的な市町村合併

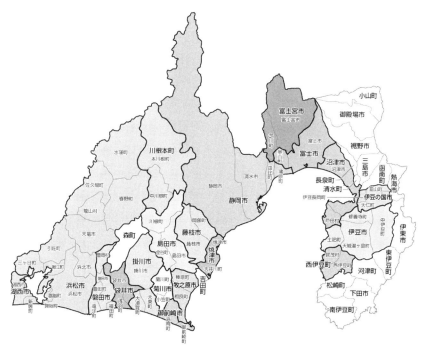

図 2-5-1　静岡県内における市町村合併状況（2020 年現在）
出所）静岡県資料による。

を実施した地域においてである。静岡県内における市町村合併状況は図 2-
5-1 に示されるとおりだが、74 市町村が 35 市町に再編されており、このな
かで、静岡市と浜松市が政令市を目指す合併を実施した（静岡市は 2 市 2 町、
浜松市は 12 市町村）。

　表 2-5-1 は、合併算定替と一本算定による交付税額を示したものである。
静岡県の試算（2013 年度）によると、合併後の 19 市町における交付税合併算
定替額は約 809 億円、一本算定では約 568 億円となり、差し引きすれば、約
240 億円となる。合併算定替の特例期間終了後の影響が大きいことが窺える。
金額的には、浜松市の影響額が最大で、浜松市 193 億円→137 億円（▲56 億
円）、磐田市 67 億円→35 億円（▲32 億円）、伊豆市 49 億円→30 億円（▲19
億円）、伊豆の国市 32 億円→19 億円（▲13 億円）、島田市 50 億円→37 億円

表 2 - 5 - 1　静岡県内市町における合併算定替と一本算定の比較 （単位：千円）

区　分	旧団体合算 （合併算定替） による交付税額　A	新団体合算 （一本算定） による交付税額　B	比　較 （合併算定替による増加額） A－B
静岡市	12,331,802	11,319,666	1,012,136
浜松市	19,364,912	13,726,324	5,638,588
沼津市	1,931,099	1,207,368	723,731
富士宮市	2,387,654	1,696,603	691,051
島田市	4,957,528	3,683,650	1,273,878
富士市	1,129,125	476,586	652,539
磐田市	6,669,648	3,515,139	3,154,509
焼津市	2,842,796	2,168,698	674,098
掛川市	2,814,616	1,581,255	1,233,361
藤枝市	3,806,491	2,920,205	886,286
袋井市	2,583,800	1,903,221	680,579
湖西市	930,846	296,788	634,058
伊豆市	4,900,381	3,008,104	1,892,277
御前崎市	1,112,061	0	1,112,061
菊川市	2,843,819	2,137,630	706,189
伊豆の国市	3,193,867	1,884,353	1,309,514
牧之原市	2,273,767	1,594,431	679,336
西伊豆町	2,125,897	1,693,811	432,086
川根本町	2,593,963	2,007,798	586,165
計	80,794,072	56,821,630	23,972,442

出所）静岡県自治財政課資料（2013 年）より作成。

（▲13 億円）、静岡市　123 億円→113 億円（▲10 億円）となっている。

　以下では、静岡県内で最も広域的な合併を実施した浜松市の事例をみていこう。

2　浜松市合併の経緯

　現在の浜松市は 2005 年 7 月に、12 市町村（3 市、9 町村）の合併によって成立した（図 2-5-2）。浜松市への編入合併という形態である。人口は 78 万人であり、静岡県内における静岡市との地域間競争の産物ともいえる。東西52 キロ、南北に 73 キロであり、合併当時の総面積は岐阜県高山市に次ぐ全国第 2 位であるという。人口密度はわずかに 500 人程度であり、広大な中山間地域を含む都市ということになる。2002 年に「環浜名湖政令指定都市構想」が発表されたが、当初は、浜松市、浜北市、湖西市、天竜市、舞阪町、新居町、雄踏町、細江町、引佐町、三ヶ日町の 4 市 6 町であった。これに北遠 4町村（春野町、佐久間町、水窪町、龍山村）が加わり、研究会という形で合併協議が続けられた。合併協議の中では財政力指数の高い湖西市と新居町が離脱し、2003 年に天竜・浜名湖地域合併協議会が発足するに至っている（合併前の 12 市町村の概要は表 2-5-2 に示されるとおりである）。

　新市建設計画では、基本方針として「環境と共生するクラスター型都市」の創造をめざすこと、政令指定都市の実現を目めざすこと、中部圏の中核的都市として、高次な産業技術集積や情報発信機能の強化、交通機能の整備など、政令指定都市にふさわしい中枢都市機能の強化と行財政運営能力のさらなる向上につとめることなどが掲げられた。

　まちづくりの方向性としては、①自然環境との共生、②産業の活性化、③世界都市の実現、④相互補完による魅力あるまちづくり、⑤分権型のまちづくり、⑥市民主体のまちづくりの 6 項目をあげて、それぞれに主要事業が明記された。2005 年度から 10 年間の推計では、約 2 兆 4,000 億円という試算がなされているが総額が示されているにとどまっていた。合併特例債への期待感もそれほど明記されず、明らかに当初から政府の掲げた市町村合併の枠組みの中で、小規模町村の解消と政令指定都市創造型合併を同時に実現し、行財政の簡素化・効率化と投資の重点化を全面に打ち出した合併事例である。

　その中で強調されているのが、都市内分権の推進であった。それを実現するために地域自治組織を活用すること、つまり、旧自治体単位に地方自治法

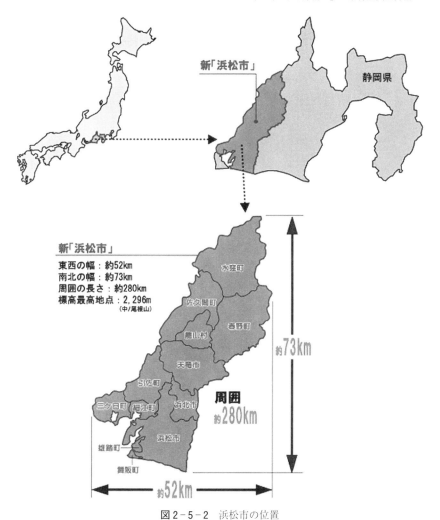

図 2-5-2 浜松市の位置

出所）浜松市資料。

にもとづく地域自治区をつくり、政令指定都市移行時には行政区を単位に区
域協議会を設置して、都市内分権を図ろうとする試みである。その背景とし
て、①環境と共生するクラスター型の政令指定都市を実現すること、②地方
分権時代にふさわしい自立的行政経営の要請、③市民自治や行政と市民との

表 2-5-2　合併前の浜松市の概要

旧市町村名	人口(人)	面積(km²)	職員数(人)	議員定数(人)	2004決算額(千円)
浜松市	608,341	256.88	4,208	46	172,166,494
浜北市	87,919	66.64	675	24	23,500,750
天竜市	22,601	181.65	284	18	9,763,803
舞阪町	12,077	4.63	122	16	4,719,847
雄踏町	14,221	8.15	133	16	5,800,022
細江町	22,296	34.18	151	16	7,534,472
引佐町	14,810	121.18	162	16	7,482,396
三ヶ日町	16,147	75.65	143	16	5,428,001
春野町	6,248	252.17	130	14	4,532,640
佐久間町	5,587	168.53	202	13	4,493,910
水窪町	3,386	271.28	90	12	3,286,652
龍山村	1,182	70.23	42	9	2,040,992
一部事務組合	—	—	157	—	—
合　計	814,815	1,511.17	6,499	216	250,749,979

注）1）人口：住民基本台帳登録人数と外国人登録者数の計（2005年6月30日現在）。
　　2）面積：2003年「全国都道府県市区町村別面積調」（国土地理院）。
　　3）2004決算額は普通会計。
　　4）職員数：一般職員の実数（2004年4月1日現在）。
　　5）議員定数：2004年6月1日現在。
出所）浜松市（2016）「合併・政令市の検証」。

協働推進のための新しいしくみの検討、④地域自治組織の活用と従来型の組織・機構にとらわれない新たな行政経営の展開が示され、都市経営という点に最大の焦点が置かれていた。

　そのために浜松市は、合併直後から大幅な人件費の削減計画を打ち出した。浜松市の職員6,500人の内、約1割にあたる6,50人を5年内に削減するというものである。団塊の世代の退職などで約1,000人が退職となるため、それを職員削減計画に組み込む形で実施された。学校給食や清掃事業のアウトソーシングや公立保育所の民営化などは積極的にすすめられ、小学校の統廃合

も加速化した。議員の定数も大幅に削減されることになり、合併前の全議員数が 216 人であるのに対して、合併後の法定上限数はわずかに 56 となり、実際の議員数は 48 人となった。そのために、従来に比べて民意が反映されにくいという問題が残された。また、最北の水窪町（みさくぼ）では、小学校の廃校や 1 カ所しかない駐在所の統廃合計画がすすめられるなど、リストラの影響を最も強く受けることとなった。

　さらに強調されているのが 1 市多制度であった。特定の地域に固有の制度や行政サービスの差異を残す方針であるという。例えば、「歩きやすいまちづくり計画」では旧浜松市だけが対象となり、三ヶ日みかんの特産品で有名な旧三ヶ日町だけを「りんごとみかんの住民交流事業」を対象とするといったものである。1 市多制度が一時的なものなのかは必ずしも明らかではない。1 市多制度という名目でアイデンティティが喪失されてしまう可能性もある。こうした中で、佐久間町では町内全世帯を対象とした NPO 法人「がんばらまいか佐久間」が立ち上げられるなど、独自の取り組みをはじめた旧町村もあった。

3　合併後の区域再編

　浜松市では、政令市移行後に 7 区に再編されたが、その後、区をさらに 3 区に再編する方針が示された（図 2-5-3）。2019 年 4 月 7 日に実施された住民投票においては、再編に際して、設問 1「3 区案（天竜区・浜北区・その他の 5 区）での区の再編を 2021 年 1 月 1 日までに行うことについて」、設問 2 では 1 で反対した人に対して「区の再編を 2021 年までに行うことについて」が示された（図 2-5-4）。表 2-5-3 をみると、再編そのものの是非ではなく、実施時期を問う住民投票であるという制約があるにせよ、中心部の中区を除いては、住民の過半数が反対票を投じたことが窺える。

　特に、北遠地域と呼ばれる天竜区においては、設問 1 の 3 区再編に対して賛成 4,697 票に対して、反対票が 8,306 票と反対票が多く、設問 2 においても賛成 832 票に対して反対が 7,474 票と、圧倒的に多くの住民が反対していることが明らかとなった。北遠地域は、旧天竜市、旧春野町、旧佐久間町、旧

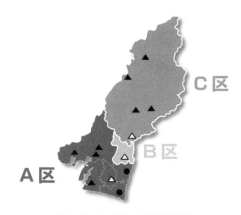

図2-5-3　浜松市区域再編案

注）1）△区役所：中・浜北・天竜区役所庁舎。
　　2）▲（仮称）行政センター：西・北区役所庁舎、第1種協働センター（引佐・三ヶ日・春野・
　　　　佐久間・水窪・龍山）庁舎。
　　3）●（仮称）行政センターに準じたサービス提供拠点：東・南区役所庁舎。
出所）浜松市（2019）「浜松市区域再編に関する住民投票結果」。

図2-5-4　浜松市における住民投票用紙（2019年4月7日）
出所）浜松市（2019）「浜松市区域再編に関する住民投票結果」。

水窪町、旧竜山村にあたる地域で、面積は市域の約61％を占めている。合併
直後には旧市町村ごとに12の地域自治組織にあたる地域協議会が置かれたが、
政令市移行後に区協議会が置かれたことから、2012年に地域協議会は廃止と
なった。2005年から2020年までの浜松市の人口動態を見ると、市全体が－

表 2 - 5 - 3　浜松市区域再編に関する住民投票結果

（開票区の内訳）

開票区	有効投票（票）				計	無効投票（票）	
	設問1					計	白紙投票
	賛　成	反　対					
			設問2				
			賛　成	反　対			
中　　区	42,038	49,597	9,456	40,141	91,635	11,775	1,816
東　　区	20,295	30,886	5,248	25,638	51,181	5,860	814
西　　区	20,475	28,696	5,082	23,614	49,171	6,287	896
南　　区	19,069	22,544	4,125	18,419	41,613	4,766	660
北　　区	12,449	28,191	3,397	24,794	40,640	3,556	488
浜北区	13,226	22,131	3,582	18,549	35,357	3,793	482
天竜区	4,697	8,306	832	7,474	13,003	1,619	446

出所）浜松市（2019）「浜松市区域再編に関する住民投票結果」。

0.9％であるのに対して、天竜区は－11.7％と、最も減少率が高くなっている（浜松市国勢調査人口による）。市町村合併により中心部から離れた地域ほど、中心部との格差が大きくなり、過疎化に拍車がかけられたことが、区域再編に対する市民意識にも顕著にあらわれているといえよう。

4　静岡県民意識調査からみた諸結果

　筆者を含む静岡大学のメンバーで、2011年に中日新聞社の協力で、静岡県民を対象にした市町村合併に関する意識調査を実施した。「合併しなかった自治体住民」に対して「合併しなかったことをどう思いますか」という問いへの回答については、「ある程度良かった」は44％、「大変良かった」は25％と7割ぐらいの人が合併しなかったことに対して「良かった」としている[23]。
　一方、「合併した自治体住民」に対する「合併して生活はどう変わりました

23)　『中日新聞』2011年4月28日付朝刊。

か」という問いについて、「変わらない」が75％であり、「生活が悪くなった」、「大変悪くなった」は2割近くにもなっている。「悪くなった」と回答した住民の大半は、周辺の編入合併となった自治体の住民であり、マイナスの影響をもたらした点が浮き彫りになっている。合併の効果が「格差」という形で顕著に表れているのではないかと思われる。

お わ り に

　本章では、「地方創生」政策、人口ビジョンと地方版総合戦略、公共施設管理計画（アセットマネジメント）、集約連携型都市構造、立地適正化計画におけるコンパクト推進政策の動きについて論じてきた。一連の「地方創生」政策は、人口減少への対応として、「選択と集中」の強化によって、従来の自治システムを基本とする地方統治機構を解体しつつ、国土再編を促す過程とも位置づけることができる。

　具体的事例として、平成の大合併期に広域的な合併をした静岡市と浜松市を取り上げ、その特徴と問題点、合併後の動向を明らかにしてきた。いずれも、政令指定都市創造型合併であったが、前者が合併特例債などの国の財政優遇策への期待を全面に打ち出した事例であるのに対して、後者は小規模町村を包摂したいわばリストラ型の合併事例あった。政令指定都市となれば都道府県から権限が移譲されるが、地域内の格差が顕著にあらわれることも明らかとなった。静岡市は2市2町、浜松市は12市町村による合併時例であるが、政令市移行後に静岡市は3区、浜松市は7区の区域が設定されたが、浜松市の場合にはさらに3区にまで見直すこととなっている。事例検証から明らかなことは、広域的な合併を実施した自治体ほど、公共施設の統廃合や集約連携型まちづくりを実施する傾向にあり、農山村地域の衰退に拍車がかけられることになる点である。

　こうした動きに対して、全国の小規模町村を中心に「小さくても輝く自治体フォーラム」が開催され、自主存続の道を模索している自治体がその連帯を深めてきた。2003年2月に長野県栄村で開催されたフォーラムでは、効率

化という名の下に全国的画一的な都市型合併を推進していくのではなく、農山村の小規模自治体における自治権を尊重し、住民の連帯の下に町村のもつ地域固有の自然・文化・産業をさらに発展させ、真の豊かさを追求していくことの重要性もまた改めて強調された。

　2021 年には、離島を除く自治体で日本一人口の少ない高知県大川村にて「小さくても輝く自治体フォーラム」が開催されるなど、約 20 年にわたって、小規模町村の先進的な取り組みについても明らかにされてきた。長野県阿智村のように、20 年間人口がほぼ横ばいという小規模町村も多い。つまり、小規模町村の場合には合併しない方が明らかに独自の発展を遂げているのである。都市間、地域間競争のみを前提とするのではなく、都市と農村の連携や共存の方向性を模索することも重要な論点であるといえよう。

第3章

スーパー・メガリージョン構想と
リニア新幹線開発
——静岡県の事例——

　これまで、集権型国家システムにおける集約型国土再編の動きについて、「まち・ひと・しごと地方創生法」による「地方創生」政策、「国土のグランドデザイン2050」と立地適正化計画によるコンパクトシティ化推進政策、アセットマネジメントによる公共施設廃合政策、区域再編を中心にみてきた。

　本章では、国土計画の開発方式である「対流促進型国土」の形成とリンクして進められているスーパー・メガリージョン構想とリニア中央新幹線開発を取り上げ、こうした国家的プロジェクトによる集約型国土再編が地域に及ぼす影響について、とくに静岡県を事例に検討することにしたい。

第1節　国家的プロジェクトとしてのリニア開発

　現在、総事業費9兆円を超えるリニア中央新幹線（以下、リニアと略称。）開発計画が進められている。超伝導によって時速500キロメートルで走行することで、東京と大阪間438キロメートルを1時間で結ぶ計画であり、事業主体は東海旅客鉄道株式会社（以下、JR東海と略称。）である。すでに財政投融資3兆円の投入が打ち出されるなど、それはまさに国家的一大プロジェクトとしての様相を示すものといってよい。しかも、JR東海とスーパーゼネコン4社（鹿島建設、清水建設、大成建設、大林組）の談合による私企業の利益が最優先されたプロジェクトである。

　この開発計画をめぐっては、品川—名古屋間の86%（品川—大阪間の全路

線では71%）がトンネルであり、山梨、長野、静岡にまたがる南アルプスを貫くことなどから、環境や周辺市民生活に及ぼす影響が甚大であることがすでに指摘されている。樫田秀樹（2017）によると、リニア新幹線が不可能な7つの理由として、膨大な残土、水涸れ、住民立ち退き、乗客の安全確保、ウラン鉱脈、ずさんなアセスと住民の反対運動、難工事と採算性を挙げている[1]。

　とくに、残土問題では、沿線各地でJR東海と地元との対立など、多くの問題が引き起こされている。例えば、静岡県では、県最北部の11キロメートルにわたるトンネル工事による約360万立方メートルもの残土を処分するために、大井川上流の燕沢に、高さ65メートルもの「盛り土」を作る計画を策定している。さらに大井川では毎秒最大で2トンもの水量が減少することが明らかにされており、渇水問題も深刻である。その意味では、環境破壊型・市民生活破壊型の典型的な大規模開発であるといってよい。

　いま改めて、リニア開発とは何か、国土計画との関わりも含めて事業そのもののあり方を問い直す必要があろう。そこで、本章では、リニア開発計画の現状を整理した上で、ゼミの学生とともに実施した静岡県内の南アルプス開発現場の視察をもとに、開発をめぐる諸問題についてみていこう[2]。

第2節　リニア中央新幹線開発計画

　リニア開発計画は、1962年から旧国鉄の研究機関である鉄道技術研究所が始めていたが、1973年に基本計画を策定し、1977年には宮崎県にてリニア方式による7キロメートルの走行実験、1997年からは山梨県の18.7キロメートルの実験線での走行実験が開始されている。この間、旧国鉄とJR東海が掲げてきた超伝導浮上式リニアの計画目的は、下記のとおりである。

（1）東海道新幹線の輸送力が限界に近づいているため、増強する必要があること。

1）　樫田秀樹（2017）『リニア新幹線が不可能な7つの理由』岩波書店参照。
2）　本章は、2017年に静岡大学のゼミ生とともに実施した共同研究の成果である。川瀬憲子（2018）「大規模開発・リニア中央新幹線開発を問う」『住民と自治』2018年5月参照。

(2)　東海道新幹線の老朽化や大規模災害に対処する必要があること。

(3)　移動時間短縮のため、大幅な高速化が必要であること。

　橋山（2014）によれば、(1)の輸送力が限界であることについては、人口減少、とりわけ生産年齢人口が減少し、企業の海外立地が増加する時代にあって、説得性に欠くものであり、(2)についても老朽化や災害対策であれば、リニアと関係なく早急に抜本的大改修工事を行うべきであり、(3)の高速化についても国民や企業が望んでいるとする合理的根拠がないとして批判している[3]。また、朝日新聞社が 2013 年に行ったアンケート調査でも、リニアを「必要」「どちらかといえば必要」と回答した人が 37% であるのに対して、「不要」「どちらかと言えば不要」と回答した人は 54% と、反対の意見が大きい[4]。

　では、どのようなプロセスで開発が進められるに至ったのか、簡単に振り返っておこう。当初、リニア開発の事業主体である JR 東海は、東京から大阪まで自己資金での建設計画を表明していた（2007 年末）。1990 年代に 5 兆円と見積もられていた事業費は、この時点で 9 兆円にも膨らんでいたが、第一期工事（品川―名古屋間、5 兆 4,000 億円）と第二期工事（名古屋―大阪間、3 兆 6,000 億円）に分けて進めていくこととされていた。

　2010 年の国土交通省交通政策審議会での議論では、ルートの選択が行われた。中央線や飯田線沿いの従来型の新幹線案や南アルプスを迂回するルート案も浮上したが、リニアが直線で走ることを前提に議論が進められた。リニアに比べて、在来型の新幹線の方が工期も短く、環境に及ぼす影響も少ない。この間、パブリックコメントが数多く寄せられたが、リニア開発中止や反対を求める意見が大半であった。にもかかわらず、南アルプスを貫通するルートが適当との答申が出され、2011 年 5 月には全国新幹線鉄道整備法にもとづくリニア整備計画が決定されたのである。

　その後、国土交通省が同社に対して環境アセスメントの手続きを指示し、2014 年 10 月には第一期工事にあたる品川―名古屋間の事業が認可された。品

　3)　橋山禮治郎（2011）『必要か、リニア新幹線』岩波書店、同（2014）『リニア新幹線―巨大プロジェクトの「真実」』集英社新書参照。
　4)　『朝日新聞』2013 年 10 月 26 日付土曜版。

川─名古屋間には、一県一駅という方針で神奈川、山梨、長野、岐阜各県に駅が設置されるため、駅が設置される自治体では開発計画が進められていくこととなった（リニア新幹線の予定路線については図3-2-1参照）。東京、名古屋、大阪を除く中間駅は、神奈川県相模原市（橋本駅）、山梨県甲府市、長野県飯田市、岐阜県中津川市（美乃坂本駅）などであり、名古屋以西はまだ決まっていないが、市内からリニア新駅までのアクセスは地元負担となる。JR東海の説明では、リニアは完全予約制であるため、エレベーターやエスカレーターなどの最低限の諸施設の整備にとどめ、待合室や売店などは一切作らず、通常、事業者と自治体が折半で負担される駅前広場の整備費用も地元負担とした。

　さらに、国土政策の転換がリニア開発を推し進めていくことになる。2014年7月に第二次安倍政権下で閣議決定された「国土のグランドデザイン2050」と、それに続く2015年8月の「新たな国土形成計画」においては、三大都市圏を結ぶスーパー・メガリージョン構想が掲げられた。ここにおいて、リニア開発計画を多軸型国土構造の形成をめざす国家戦略の一環に位置づけられることとなった。[5]「国土のグランドデザイン2050」では、①本格的な人口減少社会に初めて正面から取り組む国土計画、②地域の個性を重視し、地方創生を重視する国土計画、③イノベーションを起こし、経済成長を支える国土計画を三本柱とし、その開発方式として「対流促進型国土」の形成を掲げている（図3-2-2）。その特徴は、これまでの国土計画にあるような「均衡ある国土の発展」ではなく、経済のグローバル化、経済成長を最優先させ、国際競争力を高めるために、中央集権型・集約型の国土再編を進めることにある。

　つまり、ヒト・モノ・カネ・情報を三大都市圏に集中させ、それをリニア新幹線でつなぐことによって、国土利用の効率化を図ろうとする構想である。国土交通省によれば、三大都市圏が一体化されれば、総合力によって近隣諸国との比較優位性が高まることとなり、国際競争力を高める上で、三大都市圏の相互連携は必要でリニアがこれを可能にするとして、年間8,700億円の

5）　国土交通省（2014）「国土のグランドデザイン2050」参照。

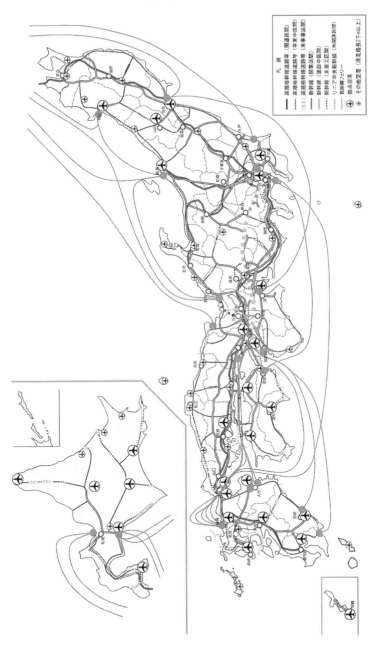

図３－２－１　リニア中央新幹線のルート

出所）国土交通省資料（2021 年７月１日時点）。

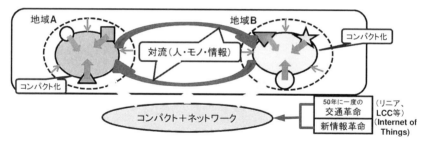

図 3-2-2　国土のグランドデザイン構想図

出所）国土交通省（2014）「国土のグランドデザイン 2050（概要版）」。

経済効果があるとの試算も示している。

　こうした国土形成計画における「国土のデザイン 2050」を、財政金融面から支える仕組みも整備された。2014 年 6 月には、財政制度等審議会において、「財政投融資を巡る課題と今後の在り方について」と題する報告書が出されており、今後は、産業競争力の強化、イノベーションの創出、中堅・中小企業の海外展開、インフラ投資、地域活性化の 6 項目を掲げたのである[6]。こうして、2016 年 6 月に安倍晋三首相は「リニアや整備新幹線などに財政投融資を活用する」と表明し、事実上、リニア中央新幹線開発は、整備新幹線と同様、国家的プロジェクトとしての性格を明確にした。

　具体的には、2017 年度から 30 年据え置きの無担保 3 兆円という条件での融資が行われることとなった[7]。JR 東海は最初の 30 年間は金利だけを支払い、31 年目から 10 年間 3,000 億円ずつ返済するという、破格の条件を盛り込んだ内容で閣議決定されたのである。名古屋―大阪間の竣工も、当初計画の 2045 年から 8 年間前倒しされることとなり、2037 年に開通見通しであることが表明された。ここにおいて、リニア開発が JR 東海による一事業という性格か

6）　財政制度等審議会（2014）「財政投融資を巡る課題と今後の在り方について」参照。

7）　リニア新幹線に対する財政投融資については、藤井亮二（2018）「財政投融資制度の転換点を振り返って」『経済・金融・財政　月刊資料』2018 年 11 月、2-12 頁参照。財政投融資については、2007 年 4 月に住宅金融公庫に代わって独立行政法人住宅金融支援機構が設立され、2008 年に公営企業金融公庫の廃止と地方公営企業等金融機構の設立、さらに 2009 年 6 月に地方公共団体金融機構、日本政策金融公庫の設立などの改革が実施され、住宅の割合が縮小された。

ら、グローバル化への対応、国際競争力の強化を大義名分とし、スーパーゼ
ネコン4社の利益を含む国家的一大プロジェクトへと転換していくこととな
ったといえる。

第3節　リニア開発と地域経済・環境に及ぼす影響
——静岡県の事例——

1　渇　水　問　題

　次に、リニア開発が地域経済や環境にどのような影響を及ぼすのかについ
て、静岡県の事例をみておきたい。リニア開発では、東京から大阪までのル
ートが選択されたが、静岡県では、リニアは県最北部の南アルプストンネル
11キロメートルを通過することになっている。もちろん、中間駅の設置もな
い。ここで問題となるのが、環境や市民生活に及ぼす影響である。

　第1に、渇水問題が挙げられる。つまり、トンネル掘削工事などで水脈が
断ち切られることによって、大井川の水量が最大で毎秒2トン減るとされて
いる点である。大井川は、7市（藤枝市、焼津市、牧之原市、島田市、掛川
市、菊川市、御前崎市）の住民約60万人以上が生活用水や農工業用水として
利用する唯一の水源でもある。流域には、上記7市のほか、2町（吉田町と
川根本町）も立地しており、この一帯には、日本でも有数のすぐれた静岡茶
の産地が広がっている。

　当初、JR東海は、開発現場である静岡市から離れた自治体への説明を実
施しておらず、環境影響評価準備書も送付していなかった。生活用水という、
住民の命に関わる問題をあまりにも軽視していると言わざるを得ない。地場
産業でもある茶産業にもマイナスの影響を及ぼすことになれば、地域経済の
破壊にもつながりかねない。

　開発現場は、南アルプスユネスコエコパークにも指定されており、非常に
豊かな自然が残されている地域である。静岡市の中心部からは100キロメー
トルも離れており、車でも3〜4時間かかる。昨年11月にリニア裁判原告に

関わっている方の案内で、ゼミ生とともに大学の借り上げバスで現場に入っ
たが、畑薙第一ダムより上流域の林道は車の乗り入れが規制されており、許
可車しか入ることができないため、林道を管理している静岡市の許可を得る
必要があった。教育や研究目的ということで、許可はスムーズだった。調査
にはゼミ生の他、ジャーナリスト 2 名も同行取材という形で加わった。

　静岡市内で南アルプスユネスコエコパークに指定されている広大な地域は、
特殊東海製紙という一民間企業が所有している私有地である。開発事業者は、
この土地所有者である民間企業の同意を得る必要があるが、JR 東海に対し
てリニア開発の許可を下したのもこの民間企業である。まず驚かされるのは、
3,000m 級の山々が連なる広大な赤石山脈一帯が一資本の所有地となっている
ことである。そのことが、これまでのダム開発にも大きな影響を及ぼしてき
た。

　もともとこの地域は林業が盛んな地域であり、南アルプスで伐採された木
材を水量の豊富な大井川に流して運んできたという歴史がある。ダムが建設
されるようになると、木材がダムでせき止められることになり、こうした安
価な方法で木材を運搬することができなくなった。当時、ダム開発にあたり、
開発事業者と特殊東海製紙との間で、陸運の費用やせき止められた木材の保
証の交渉が進められたが、次第に林業は衰退していった。

　大井川流域には畑薙第一ダムをはじめ、数多くのダム（15 カ所）が建設さ
れている。そのうち 12 カ所は中部電力、1 カ所は特種東海製紙の管轄だが、
田代川第一ダムと田代川第二ダムは東京電力の管轄である。東京電力を除く
13 カ所の発電力は 61 万キロワットにものぼる。大井川の最上流に位置して
いるのが、東京電力が管轄する 2 つのダムである。開発の歴史は古く、明治
期に遡らなければならないが、最初に水利権を手にしたのが東京電力であっ
た。この源流域の 7 割の取水権を東京電力が有しているため、これまで、東
京電力と地元との間で、水獲得をめぐる争いが続いてきた。長年にわたる住
民運動や、東京電力と地元自治体の話し合いによって、最低、毎秒 0.34 トン
は本流に戻すということになっている。それが、一挙に 2 トンもの水が減る
となると、大井川の水は枯渇してしまう恐れがある。

　静岡市では、2014 年に自民党を含む市議会が全会一致で、リニア開発について疑問を投げかけ、環境保全を条件とする決議案を可決している。また、大井川流域における複数の自治体でも、JR 東海からの説明を受けていないことを問題視し、静岡県や市を通じて、環境保全対策の要望書を提出している。JR 東海は一部の水を戻すことを表明しているが、静岡市によれば、計算方法が間違っているなどかなり杜撰な計画であり、今後とも引き続き監視していく必要があるとしている。

2　盛り土問題と災害リスク

　第 2 の問題は、残土処理をめぐる問題である。現在、南アルプスの荒川三山を貫く 11 キロメートルにわたるトンネル工事によって、約 360 万立方メートルもの残土が出ることになっている。JR 東海は、これを処分するために、大井川上流の燕沢に、高さ 65 メートル、幅 300 メートル、長さ 500 メートルもの「盛り土」を作る計画を策定している。燕沢付近は、千枚岳からなる千枚崩れの裾にあたり、自然の崖崩れが起こっている地形である。川の流れが急峻である上、川そのものは蛇行している。一帯には貴重な唐松林が残されており、完全に盛り土の中に埋まるという計画である。絶滅危惧種も数多く生息しており、生物多様性の宝庫でもある。環境アセスメントが機能していないと言わざるを得ない。現場の調査を行った時点では、リニア開発において残土処理の場所を明記しているのは静岡県内だけであったが、その後、沿線各地で同様の問題が次々に巻き起こることとなった。その意味では、静岡市の事例はその典型例といえる。

　静岡市では 2015 年に「中央新幹線建設事業影響評価協議会」を設置し、協議そのものは 2022 年現在も継続中である。協議会では、専門家の間で残土による大規模土石流災害の危険性なども指摘されてきた。にもかかわらず、JR 東海が現場の土地所有者である特殊東海製紙の許可が得られたことから、建設工事の見積もり公募を進めており、JR 東海と地元自治体や住民の対立も深まっている。河川法では、第 24 条（河川区域埋め立てのため、土地占有の許可）や第 26 条（盛り土の擁壁など工作物の新築等の許可）が定められている。

地元自治体の許可がない限り、進めることができないはずである。

　静岡大学名誉教授の林弘文氏によれば、南アルプスの地下トンネルは、地上から 1,400 メートルもの下を掘削するため、きわめて大きな圧力がかかることになる。周辺には断層帯も多く、震災による災害リスクも高い。物理学的にみて極めて危険であるとの見解を示している（2017 年 10 月 21 日静岡県地方自治研究集会での報告による）。もし、リニアがトンネル内で災害による停電などで停車した場合、避難するためには 1,400 メートルもの距離を非常口のある所まで上らなければならない。冬場には氷点下 10 度を下回る極寒地である。災害リスクという点においても、問題の多い開発である。そのことが難工事を生み、わずかな区間の工事に 10 年を超える歳月を要することとなる。

　ではなぜ、南アルプスを迂回するルートにならなかったのかという疑問が残る。リニアに比べると、従来型の新幹線の方が、工期も短く、環境への負荷という点においても、また地元住民の要望という点からみても、選択の余地はあったはずである。環境アセスメントが事実上機能していないことに加えて、地元への説明責任を十分に果たさずに、「リニア開発ありき」で進められてきたところに、リニア開発をめぐる最大の問題がある。しかも国家的プロジェクトへと転換していく過程で、地元住民の生存権や環境権などを軽視した「開発ありき」の傾向はますます強まっていくこととなる。

　静岡市のみならず、残土処理ルートの自治体では、日常生活、交通、観光、地場産業などに及ぼされる影響は計り知れない。長野県阿智村では、排出される残土約 71 万立法メートルを運搬するにあたって、住民生活や昼神温泉郷の観光面に及ぼす影響が大きいことから、2015 年 5 月に「社会環境アセスメント委員会」を立ち上げ、定期的に調査するといった独自の環境アセスメントを実施している点でも注目されている[8]。今後の動き注目される。

　8）　リニア開発沿線の環境問題については、多くの事例があるが、開発不利益と地域自治政策に関する長野県阿智村の事例については、鈴木誠（2019）『戦後日本の地域政策と新たな潮流─分権と自治が拓く包摂社会』自治体研究社等参照。

お わ り に

　これまで、リニア開発をめぐる現状と課題を、静岡市の事例をもとに明らかにしてきた。リニア開発は、「国土のグランドデザイン2050」とスーパー・メガリージョン構想の下で国家的プロジェクトへと転換し、財政投融資が投入されることとなった。東京一極集中がますます強まることが予想される。

　さらには、リニア新幹線が従来の新幹線に比べて、電力消費量が3倍以上にのぼる点も課題となっている。SDGs、脱原発と自然再生可能エネルギーへの転換が求められている現在、環境破壊型・資源浪費型の開発よりむしろ、環境保全型・資源節約型開発の方向をとるべきである。

　また、2021年7月に発災した熱海市伊豆山地区土石流災害によって、改めて盛り土の危険性が明らかとなったが、トンネルからの残土による盛り土も大きな課題である。リニア開発では5,680万立方メートル（東京ドーム約50杯分）の残土排出が予測されており、そのうち長野県が974万立方メートルだが、ほとんど処分地が決まっておらず、災害危険区域に指定されている地域も多い。こうしたなかで、2022年に盛土規制法が策定されるなど規制強化の動きもある。

　情報公開と透明性の確保、事前説明の徹底化を図ること、地元住民の生活や自然環境を保全すること、地場産業を発展させることを最優先課題とし、予防原則に則って、災害リスクを最小限に抑えつつ、維持可能な社会の実現こそ、もとめられているといえよう。

第4章

震災復興における格差と自治体財政
――石巻市と東松島市の事例を中心に――

　本章の課題は、東日本大震災からの復旧・復興過程における復興交付金事業と復興格差の問題を、事例検証を通じて明らかにすることにある[1]。ここでいう復興格差とは、第1に、防潮堤や幹線道路などの大規模なインフラ整備などが進められる一方、住まいや生業など被災地域の再生や被災者の生活面での復興すなわち「人間の復興」[2]が遅々として進まないことから生ずる格差の問題がある。5年間の「集中復興期間」（2011年度から2015年度）に約26兆円もの政府復興予算がつぎ込まれてきたにも関わらず、4年半近く経った2015年度においてもなお、多くの被災者が仮設住宅の生活を余儀なくされており、社会的弱者の多くが復興過程で取り残されるといった現状があった[3]。大震災後、復興庁を通じた復興交付金事業として災害公営住宅、防災集団移転事業などが進められたが、2015年1月末現在において、被災3県の42市

　1）　本章は、川瀬憲子（2012a）「東日本大震災後の復旧・復興と自治体財政―宮城県内自治体の事例を中心に」『経済研究』静岡大学、16巻4号、2012年2月、同（2013a）「被災者・被災地支援と市町村合併」岡田知弘他編『震災復興と自治体―「人間の復興」へのみち』自治体研究社、同（2013b）「東日本大震災後の政府復興予算・一括交付金と自治体財政―宮城県石巻市を事例に」『経済論集』愛知大学経済学会、第190号、同（2015）「市町村合併と復興格差をめぐる現状と課題―宮城県下の自治体の事例を中心に」『環境と公害』第40巻第2号、同（2016）「大震災後の復興交付金事業と復興格差をめぐる諸問題」綱島不二雄他編『東日本大震災　復興の検証』合同出版などの拙稿をもとに、加筆修正したものである。

　2）　「人間の復興」とは大震災によって破壊された生存機会の復興を指す。「人間の復興」については詳しくは、岡田知弘他編（2013）『震災復興と自治体―「人間の復興」へのみち』自治体研究社等参照。なお、東日本大震災は、災害関連死を含めてこれまでの死者は1万9,747人、行方不明者2,556人、全壊した住家被害は12万2,005棟であり、2022年2月現在、3万8,139人が避難生活を余儀なくされている（復興庁資料による）。

　3）　2016年度からの5年間は「復興・創生期間」（6兆円）とされている。

町村で完成した災害公営住宅は4,700戸と、計画の1割にも満たない状況であり、福島第一原発周辺自治体では復興の兆しすら見えない状況が続いていた。

　第2の復興格差は、復興過程における地域間格差の問題である。いわゆる「平成の大合併」期（1999年合併特例法改正から2010年3月合併推進法期限まで）には、3,200余の市町村を1,700余まで統合再編が進められたが、被災地の中には広域的な合併を行った自治体も含まれており、選択と集中やコンパクトシティ化政策の展開過程で中心部と周辺部との復興格差が際立ってきている。こうした問題は広域的な合併を行った自治体で顕著に表れており、そのメカニズムを検証しておく必要があろう。合併によるメリットとして合理化・効率化、広域行政への対応などがしばしば強調されるが、その一方ではデメリットとして地域内格差の拡大、福祉や防災などの住民に身近な狭域的な行政サービスの低下等を挙げることができる。地域防災力の低下はその典型的な問題である[5]。合併に伴う地域内の復興格差の実態やコミュニティレベルでの再生の課題を明らかにすることは、今後の住民主体の復興のあり方を考える上でも重要な論点であるといえる。

　このように、被災地では、多額の予算が投入されたにも関わらず、長らくの間、多くの住民が仮設住宅の生活を余儀なくされる状況が続いていた。福島第一原発周辺地域では10年後においても、いまだ復興の兆しすら見えない地域もある。今後も「人間の復興」（大震災によって破壊された生存機会の復興）は重要な政策課題となっている。

　そこで本章では、トップダウン型の復興計画と復興格差の現状を概括した上で、宮城県内の市町の事例、特に「平成の大合併」期に7市町による広域的な合併を実施した石巻市と、比較的小規模な合併にとどまった東松島市を事例に、復興交付金事業として実施されている災害公営住宅、防災集団移転

4）　市町村合併による自治体財政への影響については、川瀬憲子（2001）『市町村合併と自治体の財政―住民自治の視点から』自治体研究社、同（2011b）『「分権改革」と地方財政―住民自治と福祉社会の展望』自治体研究社等参照。

5）　市町村合併による防災力空洞化については、室崎益輝・幸田雅治編著（2013）『市町村合併による防災力空洞化―東日本大震災で露呈した弊害』ミネルヴァ書房が詳しい。

事業、区画整理事業に焦点を当てながら、復興格差の現状と課題についてみていくことにしたい。

第1節　トップダウン型の復興計画と復興格差

1　政府の復興計画

　政府の復興政策は、2011年4月に政府復興構想会議による「基本方針」として打ち出された項目の中に「単なる復興ではなく、創造的復興を期す」という文言が入っていることからも窺えるように、「創造的復興」を全面的に押し出す形で進められてきた。東日本大震災復興基本法では、復興の基本理念や復興資金、特区制度、復興庁の設置などに関する基本事項が定められ、「東日本大震災からの復興の円滑かつ迅速な推進と活力ある日本の再生を図る」ことを目的として、①「被災地域の復旧・復興及びくらしの再生のための施策」、②「被災地域と密接に関連する地域において、被災地域の復旧・復興のためのいったい不可分なものとして緊急に実施すべき施策」、③「全国的に緊急に実施する必要性が高く、即効性のある防災、減災のための施策」に対して、復興予算を計上することが決定された[6]。③は被災地以外にも復興予算の適用範囲を広げたものであり、流用問題として問題視された施策なども含まれている。

　被災3県の復興委員会では、岩手県の委員がオール岩手で構成され、地元市町村の意向を尊重するといった立場であり、福島県でも地元研究者などが座長を務めるなど地元が中心となってボトムアップ型の復興政策を進める方針を打ち出していた。これに対して宮城県では議長である三菱総合研究所理事長や野村総合研究所などのメンバーが名を連ねており、地元の参加がなく、効率性を重視した構造改革路線からのトップダウン型の「創造的復興」を掲

---

6)　政府復興予算と震災復興や地方財政の関係については、日本地方財政学会編（2013）『大都市制度・震災復興と地方財政』勁草書房、日本地方財政学会編（2014）『政令指定都市・震災復興都市財政の現状と課題』勁草書房のシンポジウム（宮入興一・清水修二・川瀬憲子・井上博夫・武田公子（2014）「東日本大震災・原発災害と市町村財政」）でも詳しく論じている。

げるといった特徴を持つ。その意味では、宮城県のケースは創造的復興に伴う復興格差の問題を象徴的に示す事例であるといってよい。

2　東日本財震災の財政措置と復興交付金

　東日本大震災における財政措置の特徴としては、第1に、災害復旧事業、震災廃棄物処理事業等についての国庫補助率が、発災後の2011年5月に嵩上げされたことが挙げられる。例えば、街路等、上水道等では10分の8から10分の9とされており、阪神淡路大震災では10分の8であったのと比べると財政状況によっては1割程度補助率が嵩上げされている。

　第2に、取崩し型基金に対する交付税措置が設けられたことであり、2011年度2次補正予算にて成立し、同年12月から交付される仕組みが整えられた。これは各県において取崩し型基金を設置し、必要な財源を特別交付税により措置する仕組みである。[7]

　第3に、震災復興特別交付税による措置がなされたことである。復旧・復興事業に係る地方負担分について、地方交付税を増額し、その増額分を「震災復興特別交付税」として、通常の特別交付税とは別枠で、被災自治体の補助・単独事業における「地方負担分」等に対して措置する仕組みである。原則として全額措置されるが、従来は事業年度の財源を起債で賄い、後年度の元利償還金に対して地方交付税措置するものであった。

　第4に、2011年度第3次補正予算において復興交付金制度が創設されたことである。これは、著しい被害を受けた地域の復興地域づくりに必要となる事業が対象で、基幹事業としての道路整備、防災集団移転、土地区画整理事業などの5省40ハード事業と、効果促進事業として、基幹事業と関連して実施するハード・ソフト事業が含まれている。

　この復興交付金は、東日本大震災の復興特別区域法（2011年法律第122号）に基づいて創設されたものである。復興交付金制度要綱には、事業計画

7）　阪神淡路大震災では、起債を財源に8,800億円の基金を設置してその運用益で単独事業を行っていたが、東日本大震災では、2011年度第2次補正予算では全国で1,960億円の基金が設置され、宮城県では660億円が設置され市町村分として330億円が配分された。

は、単独もしくは道府県が共同で作成することが明記され、計画期間は 2011
〜2015 年度までの 5 年間とされた（のちに 2020 年度まで延長される）。対象
地域は、東日本大震災により、相当数の住宅、公共施設その他の施設の滅失
又は損壊等の著しい被害を受けた地域とされ、内閣総理大臣に提出された計
画は各交付担当大臣に回付されて、調整の上、配分額が決定されるというも
のである。復興交付金のメリットは、従来の補助事業が所轄省庁ごとに分か
れていたのに対して、復興庁に窓口が一本化された点にある。しかし、窓口
が一本化されたとはいえ、所轄省庁の枠組みは残されており、自治体は本申
請前に何度も本庁との折衝を余儀なくされ、その復興交付金の配分をめぐっ
ても国側と自治体側との対立が続くことになる[8]。

　東日本大震災の復興に関しては、5 年間の集中復興期間を終えて、2016 年
度から第二ステージである復興・創生期間（2016〜2020 年度）へと移行した。
前半は約 26 兆円であったのに対して、後半の総額は約 6 兆円となっている。
復興財源は、所得税と住民税の復興増税（所得税は 2037 年度まで、個人住民
税は 2023 年度まで。法人税は 2014 年度で打ち切り）や歳出削減（子ども手
当見直し、公務員人件費削減など）等によって賄われている。復興関連予算
は災害復旧事業や復興交付金事業という形で計上されている。東日本大震災
後、復興庁が創設されて復興交付金が創設された。復興庁といっても窓口に
すぎず、実際には 5 省 40 事業や効果促進事業という枠組みが設けられた[9]。

3　東日本大震災における宮城県の被災状況

　東日本大震災による宮城県内の死者・行方不明者は、合わせて約 1 万 2,000

8)　復興交付金は、被災自治体が計画する復旧復興の事業費を国が全額負担する制度であり、集団移転など 40 事業が対象となっている。各自治体は事業計画を復興庁に提出し認可を得る必要がある。1 回目の交付金は 7 県 59 市町村に約 2,509 億円が配分され、自治体側の要望総額約 3,899 億円からみれば、約 4 割が削減された。19 市町は配分がまったくなかった。岩手県が 94% とほぼ満額認可されたのに対し、宮城県、福島県がそれぞれ 58% と低い（復興庁関係資料による）。
9)　復興効果促進事業は、被災市町村の自由な事業実施による市街地の再生を加速するため、復興交付金事業の基幹事業と関連して実施する事業等に一定割合が国から一括で配分されるものである。被災市町村が実施する (1) 防災集団移転促進事業、(2) 都市再生区画整理事業、(3) 市街地再開発事業、(4) 津波復興拠点整備事業、(5) 漁業集落防災機能強化事業の事業費の 20% が一括配分されるもので、承認を受けることで交付決定前に事業を実施することができた（復興庁資料）。

名、全壊家屋約 8 万 5,000 棟、非住家被害約 2 万 9,000 棟、浸水面積は 6 県 62 市町村浸水面積の約 6 割にも相当する甚大な被害であり、被害額は 9 兆 1,891 億円（2013 年 2 月 12 日現在）[10]にのぼる。大震災から 2 年後（2013 年 3 月）には、家屋等流出地域を除いてライフラインはほぼ復旧し、主要港湾の被災埠頭 55 岸壁（仙台港区、塩釜港区、石巻港区）では仮復旧率 98%、仙台空港利用者数（国際線）は 66% 程度まで回復し、宮城県管理分の幹線道路の復旧率 99%、宮城県内の鉄道在来線の復旧率約 79% と、幹線道路、空港、主要港湾の復旧は早い段階で進められた。また、防潮堤や防災林予算は膨張を続けた。気仙沼市小泉地区では 2015 年度予算にて 226 億円から 336 億円にまで 1.6 倍、仙台地区では 88 億円から 213 億円と 2.4 倍にまで跳ね上がっている。

しかし、大震災から 2 年経った 2013 年 3 月時点ではまだプレハブ仮設住宅に約 5 万人（2 万戸余）、みなし仮設住宅（民間賃貸借上げによる応急仮設住宅）に約 5 万 5,000 人（2 万戸余）、合わせて 10 万人以上（4 万戸余）もの被災者が入居する状況が続いた。4 年半経った 2015 年 7 月現在でも、約 6 万人（2.6 万戸）が仮設住宅での生活を余儀なくされる状況にあった。仮設住宅は災害救助法では原則 2 年と定められているが、2015 年 3 月時点で転居先が決まらない被災者が全体の 15% にのぼっていた。岩沼市などのように 5 年で仮設住宅を終了させるところもあれば、石巻市、気仙沼市、南三陸町、女川町などのように一律 6 年に延長するところもある。阪神淡路大震災では 5 年ですべての住民が災害公営住宅などへ移住したのと比較すると、かなり長期にわたって仮設住宅での生活を余儀なくされる住民が多いことがわかる。

しかも、震災後の沿岸部自治体では人口流出が著しく、大震災から 2015 年 3 月までの 4 年間に女川町では 32% 減、山元町では 27% 減、南三陸町では 21% 減、気仙沼市では 10% 減、石巻市では 8% 減となっている。復興交付金事業として多額の予算をつぎ込んで災害公営住宅の建設、防災集団移転事業などが進められてきたが、なぜこのように遅々として進まず復興格差が生じているのか、以下、石巻市の事例をみることにしよう。

10）　宮城県庁ヒアリング調査による提供資料（2012 年）。

第 2 節　石巻市復興政策と合併の影響

1　石巻市の被災状況

　石巻市は、2005 年 4 月 1 日に石巻市、河北町、雄勝町、河南町、桃生町、北上町、牡鹿町（1 市 6 町）が広域的に合併した人口約 14 万 6,000 人（2015年 3 月末現在）の自治体である。大震災では死者・行方不明者を合わせて約4,000 名にも達し、住民の約 8 割、61 集落が被災した。住宅の被害では全壊約 2 万棟、大規模半壊、半壊、一部損壊などを含めると 5 万棟を超える。被災前の全家屋数が 7 万 4,000 棟であることから、8 割近い住宅が被災したことが窺える。特に旧牡鹿町や旧雄勝町は半島部にあり、中心市街地を含めて9 割以上の住民が被災している。[11]

　2015 年 6 月末現在、仮設住宅 5,197 世帯、みなし仮設住宅 3,683 世帯、合わせて 8,880 世帯（約 2 万人）が入居していた。仮設住宅入居者の基準は、全壊、大規模半壊、半壊で解体を余儀なくされた世帯が対象だが、災害公営住宅の入居基準が「全壊」とされているために、仮設住宅入居者の中で約 4,500世帯が公営住宅、約 2,000 世帯が集団移転、約 1,600 世帯が移転先未定といった状況にあった。[12]

　そこで、まず石巻市が広域的合併に至った経緯についてみておこう。同市が合併した時期は、1999 年の合併特例法の改正により、合併特例債の活用や地方交付税算定上の特例期間が延長されるといったいわゆる「アメ」の論理と、小規模市町村を中心に地方交付税が削減されるという「ムチ」の論理の中で、わずか数年間に数多くの市町村が統合再編された時期にあたる。財政面からの誘因が大きいのが特徴でもあった。現在の石巻市は、原子力発電所が所在する女川町に隣接しており、それを取り囲むように、東西約 35 キロメ

---

　11)　石巻市の建物被害状況は、全壊 20,044 棟、半壊 13,049 棟、一部損壊 23,615 棟、合計 56,708棟（2021 年 3 月 10 日警察庁発表　ヒアリング調査提供資料）。

　12)　石巻市役所でのヒアリング調査による（2015 年 7 月 9 日実施）。なお、2021 年 11 月にも実施している。

91

ートル、南北約 40 キロメートルと広範囲に広がり、宮城県土の 7.6% を占め
ている。[13]

　2002 年 7 月に、石巻市、河北町、雄勝町、河南町、桃生町、北上町、牡鹿
町と女川町、矢本町、鳴瀬町を含む 10 市町で「石巻広域合併調査研究会」
が発足した。合併による財政効率化などのメリットが強く打ち出される一方
で、中心部にあたる石巻市から離れた周辺自治体の多くでは衰退が加速化さ
れるのではないかといった懸念から反対意見が相次いだ。まず、矢本町では、
2002 年 11 月議会にて石巻市への合併案に反対し、矢本、鳴瀬、女川の 3 町
長が任意協議会の不参加を表明した。半島部に位置する牡鹿町では、2003 年
に隣接する女川町との合併を目指すという方針を打ち出して協議会への不参
加を表明し、6 市町で任意協議会設置が進められた。同年 3 月には、女川町
の町民意識調査で 6 割以上が「単独」を選択するということとなり、結果と
して取り残された牡鹿町が再び合併協議会に加入することとなった。のちに
矢本町と鳴瀬町は 2 町で合併して東松島市となっている。

　また、内陸部に位置する河北町では合併協議会からの離脱が表明され、住
民投票が実施されるに至り、桃生町では廃置分合案が一度は否決されるなど
合併への異論は続いた。他方、半島部の雄勝町では交付税削減による財政面
での危機意識から合併の選択をすることとなった。こうして 2005 年 4 月に 7
市町合併による新石巻市が発足することとなるが、大震災に見舞われたのは
それから 6 年後のことである。

　表 4-2-1 は、石巻市における合併後の職員数の変化を示したものである。
これをみると、2005 年 4 月 1 日に広域的な合併を行った当初の職員総数は
約 2,000 人であり、そのうち総合支所は 532 人であった。総合支所全体では、
2005 年から 2013 年現在までに 205 人減少して、327 人となっている。減少率
は 4 割近い。総合支所ごとの内訳では、河北総合支所（旧河北町）で 110 人
から 65 人、雄勝総合支所（旧雄勝町）で 62 人から 43 人、河南総合支所（旧
河南町）で 116 人から 87 人、桃生総合支所（旧桃生町）で 59 人から 41 人、
北上総合支所（旧北上町）で 79 人から 48 人、牡鹿総合支所（旧牡鹿町）で

---

13)　石巻地域合併協議会（2004）「新市まちづくり計画中間案」。

表 4-2-1　石巻市における合併後の職員数の変化

（単位：人、％）

	2005.4.1	2013.4.1	減少数	減少率（％）
総合支所	532	327	△ 205	38.53
河北総合支所	110	65	△ 45	40.91
雄勝総合支所	62	43	△ 19	30.65
河南総合支所	116	87	△ 29	25.00
桃生総合支所	59	41	△ 18	30.51
北上総合支所	79	48	△ 31	39.24
牡鹿総合支所	106	43	△ 63	59.43
本　庁	1,493	1,308	△ 185	12.39
市職員数合計	2,025	1,635	△ 390	19.26

資料）石巻市資料により作成。

106 人から 43 人となっており、減少率が 6 割減と最も高いのが、最南端の半島部に位置する牡鹿地域である。これに対して、本庁は 1,493 人から 1,308 人と 1 割強減少にとどまり、市職員全体では 2,025 人から 1,635 人にまで 2 割近く減少している。面積の広さからみて、編入合併となった地域での職員数の激減は、大震災直後の対応にも大きな影響を及ぼし、被害状況すら正確に掴めない事態を生み出したのである。市町村合併によって大幅に職員がリストラされ、それがマンパワー不足となって、震災初期の対応から復旧・復興に至る過程で多くの課題が生み出されることとなる。

第 3 節　石巻市復旧・復興事業と財政
——防災集団移転事業、災害公営住宅——

1　石巻市における復旧・復興財政

　石巻市の復旧・復興予算は 10 年間で約 1 兆円規模である。図 4-3-1 と表 4-3-1 により、2009 年度から 2020 年度までの性質別歳出決算額の推移を示した。歳出面では、2011 年度決算でもかなり下方修正された。約 1,800 億円（そのうち震災分は 1,258 億円）のうち、民生費は 441 億円（そのうち

震災分は272億円）、衛生費は680億円（震災分は619億円）などとなっているのである。逆に、2012年度になると、当初予算規模が2,632億円であるのに対して、決算額では3,220億円にまで上方修正された。その内訳をみると、総務費と民生費が大幅に上方修正されているのに対して、土木費や災害復旧費が下方修正となっていることに注目すべきである。復興交付金事業がハー

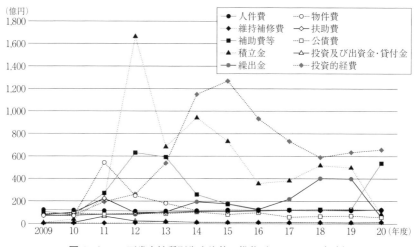

図4-3-1　石巻市性質別歳出決算の推移（2009～2020年度）
出所）石巻市決算カード各年度版及びe-statデータベースより作成。

表4-3-1　石巻市性質別歳出決算

	2009年度	2010年度	2011年度	2012年度	2013年度
人件費	12,392,665	12,015,628	11,545,174	11,161,769	11,320,929
物件費	7,157,225	7,024,303	54,320,385	24,823,982	18,179,951
維持補修費	549,765	657,129	570,389	882,419	1,902,226
扶助費	7,734,787	10,040,456	22,433,028	9,736,959	10,074,632
補助費等	10,813,973	7,773,747	27,130,496	63,118,983	59,248,967
公債費	8,832,279	9,132,449	8,311,601	9,193,608	8,826,450
積立金	968,655	3,933,064	22,624,553	166,311,052	68,631,424
投資及び出資金・貸付金	805,121	1,023,454	6,529,732	2,322,453	2,016,468
繰出金	7,154,333	7,396,015	8,315,250	8,288,030	10,614,021
投資的経費	6,984,684	7,671,245	19,397,173	26,135,840	53,844,133
歳出合計	63,393,487	66,667,490	181,177,781	321,975,095	244,659,201

出所）石巻市決算カード各年度版及びe-statデータベースより作成。

ド面中心に計画されているのに対して、実際には執行面で処理しきれない状況となり、積立金に繰り越されることとなった。投資的経費が拡大しているのは、後半になってからであり、前半は補助費等の増加が目立っている。

　歳入面では、表4-3-2、図4-3-2にみられるとおり、2011年度の市税収入は171億円から92億円程度にまで半減した。2012年度には123億円にまで税収が回復しているが、2015年度までは低い状況が続き、その後は震災前の水準にまで戻っている。地方交付税は、2010年度には214億円であったのが、2011年度には520億円、2012年度には550億円と2倍以上になった。その後も、震災前の水準に比べると、2倍前後で推移している。震災復興特別交付税は、2012年度には、341億円と普通交付税の1.5倍にも達している。

　また国庫支出金も2011年度決算額が770億円であったのに対して、2012年度には2,000億円近くにまで増額されている。さらに県支出金も2012年度には4,500億円にもなり、県支出金の影響も大きいことが窺える。地方債は2010年度の水準に比べると当初は比較的低くに抑えられていたが、2015年度以降は震災前以上に増大している。また、2012年度決算に関して、通常分と復旧・復興分に分けて集計されたものをみると、歳入面からみた財政規模は、680億円から580億円に100億円縮小している。

　このように、特別交付税の増額、震災復興特別交付税の創設により、当初

の推移（2009〜2020年度）

（単位：千円）

2014年度	2015年度	2016年度	2017年度	2018年度	2019年度	2020年度
11,730,491	11,980,004	12,062,487	12,237,563	11,858,174	11,595,865	12380,799
11,717,109	12,312,946	11,950,687	12,392,537	12,072,486	12,625,566	12,144,085
1,367,671	1,274,674	1,277,173	1,089,079	1,152,011	1,177,107	1,492,077
10,861,892	10,877,327	11,481,073	11,877,491	11,724,678	12,324,988	12,457,028
25,947,437	17,404,225	12,160,444	12,243,597	12,690,250	12,666,724	53,726,207
10,412,093	8,235,988	9,844,569	5,930,524	6,555,973	7,004,854	5,738,376
94,140,468	73,258,307	35,636,165	38,211,868	51,845,643	49,791,935	8,423,789
1,304,874	1,209,938	1,265,982	1,171,441	1,169,561	1,002,476	1,218,956
19,453,224	17,672,182	12,726,934	21,859,822	40,144,284	39,854,160	6,027,077
115,086,021	126,895,213	93,272,408	73,256,455	58,972,288	63,442,273	65,782,216
302,021,280	281,120,804	201,677,922	190,270,377	208,185,348	211,185,988	179,360,610

表4-3-2　石巻市歳入決算の推移

	2010年度	2011年度	2012年度	2013年度	2014年度
地方税	17,190,425	9,168,982	12,356,071	14,490,311	16,273,954
地方譲与税等	2,641,329	2,743,166	2,574,919	2,574,923	2,763,075
地方特例交付金	305,819	229,287	35,191	39,587	49,810
地方交付税	21,422,679	52,166,635	55,105,764	42,374,370	42,953,408
うち震災復興と区別交付税	0	19,080,164	34,120,230	20,268,022	22,186,843
交通安全対策特別交付金	30,193	27,901	26,702	26,494	23,649
分担金及び負担金	195,485	174,781	199,891	210,349	319,251
使用料・手数料	1,194,439	679,766	968,356	971,591	1,060,767
国庫支出金	8,760,738	77,011,380	197,465,067	120,338,484	124,834,767
都道府県支出金	3,718,563	42,408,498	45,308,965	20,731,667	9,988,515
財産収入	866,347	115,826	96,950	234,368	1,203,287
寄附金	82,939	1,135,686	462,215	177,751	536,097
繰入金	1,916,831	375,969	30,839,489	33,680,527	97,699,438
繰越金	687,458	689,043	11,358,211	43,380,739	37,263,078
諸収入	1,992,089	3,371,421	3,427,264	2,772,983	2,559,827
地方債	7,106,400	10,038,610	9,414,600	6,485,350	8,328,640
歳入合計	68,111,734	200,107,664	369,504,464	288,449,904	345,807,753

出所）表4-3-1に同じ。

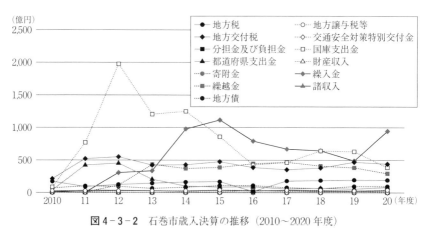

図4-3-2　石巻市歳入決算の推移（2010～2020年度）

出所）図4-3-1に同じ。

は、地方債発行は抑制され、財政への影響もまた最小限に抑制されたかに見受けられた。災害復旧事業の国庫補助率をみると、通常の災害復旧や阪神・淡路震災に比べ同等もしくはそれを上回る補助率となっており、しかも裏負

（2009～2020 年度）

（単位：千円）

2015 年度	2016 年度	2017 年度	2018 年度	2019 年度	2020 年度
16,899,335	17,637,267	18,072,128	18,858,995	19,583,696	19,341,416
3,980,477	3,473,558	3,651,713	3,781,839	2,763,075	3,980,477
69,423	81,569	98,821	120,124	382,614	186,425
47,598,033	38,731,768	32,459,244	38,122,720	46,909,164	44,214,175
27,404,830	19,533,696	14,795,617	20,962,988	29,464,979	27,585,378
25,422	24,221	22,326	20,644	20,489	22,359
345,382	388,198	297,317	339,603	305,659	269,719
1,248,687	1,500,666	1,614,533	1,757,346	1,730,362	1,570,239
85,841,035	42,685,486	46,429,934	64,247,461	63,077,061	38,787,441
8,466,790	9,024,883	5,580,880	6,787,468	5,593,832	8,190,106
1,209,702	3,442,077	1,795,194	1,562,079	2,049,277	1,219,645
455,909	308,644	266,731	307,588	462,074	443,318
111,534,062	79,199,951	67,036,630	64,449,098	48,868,669	94,318,013
38,880,043	44,593,076	46,874,714	41,073,214	38,442,987	29,644,919
3,639,284	2,656,973	3,412,050	2,739,460	2,568,101	3,197,535
10,704,938	10,881,499	7,606,980	6,368,800	9516,100	9,440,450
330,919,099	254,548,267	235,120,374	250,416,315	242,987,566	255,010,461

担について震災復興特別交付税による措置がなされているが、実際に、10 年間の決算を検証すると、地方債の増加など、地方財政に負担がかかっていることも明らかとなった。[14]

　また、当初、復興事業は基本的に 2015 年度までとされた。しかし、それまでに事業が終了する見通しはたたず、当初の集中復興期間 5 年の設定にも齟齬が生じる結果となっている。また、復興交付金の一部は基金化されたことから、積立金が増えることになった。基金が活用できたことは、東日本大震災後の復興財政を検証する上で最も重要な特徴の一つとなる。

　また、2013 年度と 2014 年度予算における復旧復興分と通常分の内訳をみると、2013 年度一般会計当初予算 2,260 億円（特別会計を含めると 2,877 億円）のうち、復旧復興分 1,691 億円、通常分 569 億円、特別会計 594 億円、病院事業会計 23 億円、2014 年度当初予算の一般会計 2,267 億円（特別会計を

---

14)　石巻市財政課ヒアリング調査による（2012 年 4 月 27 日、2013 年 3 月 15 日、2013 年 8 月 30 日実施）。

含めると 3,094 億円）では、復旧復興分 1,665 億円、通常分 603 億円、特別会計 803 億円、病院事業会計 24 億円となっており、徐々に震災復興分の予算規模が縮小されていることがわかる。[15]

とくに、土地区画整理事業等に関しては、国による財政支援のない状況下で、先行的に事業化されており、予算規模が相対的に縮小する一方で、財政需要は拡大するといった問題が生じた。

2　復興交付金事業

復興交付金事業の中で最も金額的にみて大きい事業が防災集団移転事業、災害公営住宅、区画整理事業となっている。2013 年時点における復興交付金事業第 1 次から第 4 次までを示したのが、表 4-3-3 である。2020 年度現在、第 27 次までの事業が続けられた。宮城県がまとめた東日本大震災復興交付金の事業計画（第 27 回の申請状況）についてみると、石巻市と東松島市が事業計画を提出しており、5 事業に事業費ベースで 5 億 6,416 万円（交付金ベース 3 億 4,180 万円）を復興庁に申請している。[16]

まず、防災集団移転事業からみておこう。防災集団移転事業の対象となるのは、「危険区域」に指定されている住民である。自治体が浸水区域の土地を住民から買い上げ、居住に適しない区域に建築制限をかけて、移転先の高台や内陸部の宅地造成や道路工事などを行うといった事業である。東日本大震災では補助対象となる移転規模は原則 10 戸以上であったが 5 戸以上に緩和され、その後この規制もさらに緩和されている。復興交付金による国庫負担の限度額も撤廃され、復興特別交付税による交付税措置などで実質的には地方

---

15)　詳しくは、川瀬憲子（2013a）「被災者・被災地支援と市町村合併」岡田知弘他編『震災復興と自治体―「人間の復興」へのみち』自治体研究社、同（2013b）「東日本大震災後の政府復興予算・一括交付金と自治体財政―宮城県石巻市を事例に」『経済論集』愛知大学経済学会、第 190 号等参照。

16)　復興交付金は 2020 年の申請で終了となる。事業ごとの申請額を見ると、基幹事業は石巻市が申請した 4 事業の 5 億 4,763 万円（交付金ベース 3 億 2,858 万円）。効果促進事業は東松島市が申請した 1 事業の 1,652 万円（交付金ベース 1,321 万円）。2012 年から申請を受け付けてきた復興交付金は終了となる。第 26 回申請までに、宮城県では約 2 兆 4,690 億 7,000 万円（交付金ベース 1 兆 9,792 億 4,000 万円）が交付決定している（「最後の復興交付金　5 事業に 5.6 億円（石巻と東松島が申請）」『日刊建設新聞』2020 年 4 月 9 日付）。

表 4-3-3　石巻市復興交付金事業（第 1 次から第 4 次までの内訳：2013 年現在）

防災集団移転促進事業	約 278 億円（事業費ベース）	約 238 億円（交付金ベース）
災害公営住宅建設事業	約 454 億円（事業費ベース）	約 397 億円（交付金ベース）
土地区画整理事業	約 81 億円（事業費ベース）	約 61 億円（交付金ベース）
街路整備事業	約 31 億円（事業費ベース）	約 24 億円（交付金ベース）

出所）石巻市財政課資料。

　負担はゼロになる仕組みがとられている。住民は移転先で住宅を自費で建て
るか、災害公営住宅のどちらかを選択することとされ、自力再建の場合には
住宅再建支援金制度と利子補給（最大で 708 万円）が適用されることとなっ
ていた。2015 年 5 月末現在、宮城県全体で 195 地区すべてにおいて工事に着
手され、石巻市では 56 地区すべてで着手されているが、住宅など建築工事に
着手されているのは 3 割であった。

　防災集団移転事業で最大の問題は、住宅建設にかかる経費の個人負担であ
る。二重ローンになるケースもあり、最初の希望区画数が 9,964 区画であっ
たのが、2014 年 7 月には 7,309 区画と 3 割減となるなど、工事開始後にキャ
ンセルが出るケースもあった。移転の対象は危険区域内の世帯に限定されて
いるが、国は一定の条件を満たせば危険区域外の住民も認める方針を検討し
ているという。また、造成地が完成するまでに 3 年から 4 年もかかるケース
もあり、長期にわたる仮設住宅生活を余儀なくされるケースも出始めた。例
えば、二子地区では 2017 年度に造成地が完成予定であったが、その後に住宅
を建築し始めることとなれば、完成するのはさらに 1～2 年後になる。

　次に、災害公営住宅の建設についてみてみよう。石巻市では 4,500 戸の計
画に対して、2015 年 5 月末現在で 3,308 戸に着手しており、完成戸数は全体
の 2 割にあたる 929 戸である。当初は 4,000 戸の計画であったが、希望が多い
ため 4,500 に上方修正された。事前登録者は 4,500 戸を超えたという。4,500
戸の内訳をみると、市街地（主に旧石巻市）は 3,850 戸、半島部 650 戸とな
っている。2015 年 6 月現在、3,867 戸は用地取得済みだが、約 600 戸は用地
取得も含めて未定となっていた（表 4-3-4）。2018 年 3 月には、災害公営住
宅の戸数を 4,700 戸（市街地 4,100 戸、半島部 600 戸）から 4,456 戸（市街地

表 4-3-4　石巻市災害復興公営住宅供給計画（2015 年 4 月現在）

地　区	新計画	見直し	登録済み	入居者	今後受付数
蛇　田	1,180	+180	1,030	332	150
大街道	760	+260	530	15	230
中心部	650	+40	332		318
門　脇	150	0	150		0
湊	430	−30	405		25
渡　波	580	+90	463	137	117
半島部	650	−100	650	（借上型含）500	0
河南・河北	100	+50	70		30
合　計	4,500	+490	3,630	984	870

注）2014 年度 1,000 戸、2015 年度 1,600 戸、2016 年度 1,200 戸、2017 年度 700 戸。
資料）石巻市資料による。

3,883 戸、半島部 573 戸）に変更されている。

　また、災害公営住宅の家賃については公営住宅法に基づき、市営住宅と同様、最初の 5 年間は家賃の低廉化措置が実施されるが、6 年目以降は徐々に引き上げられることとなり、住宅の広さや所得に応じて最大 9 万円程度にまでとなる。さらに 3 年以上入居し、政令月収が 15 万 8,000 円を超える世帯（標準世帯）は、収入超過者として市営住宅を明け渡す義務が生じることとなる。低価格で公営住宅払い下げる方法なども検討する必要があろう。

　2021 年 11 月に石巻市財政課に 3 度目のヒアリング調査を実施した。10 年間の復興交付金事業を総括すると、復興事業の中心は、住宅に関する事業と地盤沈下に伴う排水工事に関する事業であり、前者は災害公営住宅と防災集団移転事業で、その合計は約 2,100 億円、排水対策に関する事業は下水道事業と低平地整備事業で、その合計で 1,800 億円、合わせると約 3 分の 2 を占めるとされる。一方で、基幹的な事業だけでは復興を成し遂げることはできず、排水事業として実施した低平地整備事業のような効果促進事業が重要で、約 810 億円の事業を実施しているとされる。2021 年度には継続が認められたのは区画整理事業、半島部の低平地整備事業など 22 事業となっており、10 年後も依然として事業が継続していることが窺える。

　2020 年度決算においては、維持管理費が増加しているが、その要因として

は、2021 年 3 月に開館した複合文化施設（まきあーとテラス）の指定管理料など、2022 年度から 2024 年度の年平均で約 9 億 3,000 万円が見込まれていることにある（2020 年度の決算額では、約 4 億 5,000 万円である）。

　東日本大震災復興交付金基金は、2020 年度ですべて取り崩しているが、震災復興基金については、約 68 億円が基金として積み立てられている。震災復興特別交付税は 2011 年度から 2020 年度までの合計で 2,354 億円である（2021 年 9 月末現在）。震災復興特別交付税は、復興交付金事業、単独事業、震災復興基金、収入減少額の補てんに使用され、農林水産業施設整備、都市再生区画整理事業、防災集団移転促進事業、派遣職員、地方税等の減免等による減収補てんなどに使用された。

　災害公営住宅の入居状況については、2021 年現在、4,443 戸整備され、うち4,049 戸が入居済みである。入居率は 91％ となっている。半島部では入居が進まないところもあり、入居率が 50％ にとどまっているところもある。[17] 災害公営住宅建設に関して発行された地方債は、2018 年度までの現在高でみると約 160 億円になっており、償還期間は 20 年から 30 年（据置 5 年）である。[18]

　被災者支援総合交付金を用いた事業については、住宅・生活再建支援事業として、仮設住宅への訪問支援を行う自立生活支援員の配置や、被災者の自立再建を促す伴奏型被災者支援事業を実施しており、コミュニティ形成支援事業として、サロン活動への助成、新市街地の自治会設立サポート、心の復興事業として、被災者の行きがいづくりに資する活動に対する支援、被災者生活支援事業として、カーシェアリングを活用したコミュニティサポート、被災者見守り事業の実施、社会福祉士等相談員の委託が実施されており、主にソフト面において活用されていたことが分かる。

　復興関連基金がコミュニティ再生支援事業に活用された実績については、住民自治組織交付金事業、コミュニティづくり支援事業費補助事業、地域自治システム構築・支援事業、集会所建設費補助事業、地域づくりコーディネ

17）　石巻市ヒアリング調査提供資料（2021 年 11 月）。
18）　石巻市では、災害公営住宅の家賃収入と維持管理費との収支を示す資料はないとのことであった。

ート事業があり、一定程度ソフト面にも活用されていたことが窺える。

　また、津波浸水区域であった南浜地区においては、国・県・市により「石巻南浜津波復興祈念公園」が整備されており、公園のなかに津波伝承施設が建てられている。

　石巻市財政について、今後の課題も含めて整理しておくと、第1に、復興のみならず、市町村合併に伴う普通交付税への影響と合併特例債事業に関する問題も挙げなければならない。合併特例債による事業は、震災復旧・復興関連事業と同時並行的に合併特例債事業が進められてきた。さらに、2016年度以降には合併に伴う普通交付税が段階的縮減となり、2021年度からの交付税一本算定化による影響も大きくのしかかってくることとなる。震災復興事業が今後拡大し続け、合併特例債事業が継続され、普通交付税の縮減が、同時並行的に進行する可能性も大きい。石巻市では、被災事務所の流出や人口減少が続いていることから、税収が減少し、普通交付税は合併から15年後には一本算定に伴って約43億円の減少となる。

　第2に、公共施設等の復旧・復興については、今後、国の支援を伴わない地方負担が増えることが予想される。下水道4会計、市場事業、病院事業については、操出金や補助費等の増加、新市民病院開院後の資金確保をどうするのかといった課題があり、インフラ整備や災害公営住宅等の維持管理経費の増大によって、新規事業にも影響が出る可能性がある。災害援護資金貸付金償還金についても、償還がなされない場合には公債費の増加となり、その財政を圧迫することが懸念される。

　第3に、復興関連事業の遅れと長期化、住民合意形成の困難化、編入合併となった自治体被災地域における再生の困難化についてである。2013年2月の時点で、一般財源としての震災復興基金は、79億1,317万円であり、そのうち県交付金分が65億125万円、市独自積立分が14億1,191万円であるのに対して、特定財源としての東日本大震災復興交付金基金は1,027億3,998万円にのぼった。さらに、防災集団移転促進事業に関する用地交渉が難航し、比較的交渉しやすい高台の用地を取得する傾向にあった。

　雄勝地区住民へのヒアリング調査によれば、旧雄勝地区の中心市街地など

多くの地区が危険区域に指定され、移転の対象となっているが、住民の声がまったく反映されないまま事業が進行していることから、移転希望がほとんどない土地の造成が実施されたという。旧雄勝中心市街地の復興を求める声も大きく、共同学習を行いつつ、住民提案を行う動きもある。[19]

第4節　取り残される石巻市半島部

そこで、半島部に位置する雄勝地区（旧雄勝町）の現状をみてみよう。旧雄勝町は 1950 年代から 1960 年代にかけて人口が増加し、最盛期には人口 1 万人を超えた自治体である。雄勝総合支所の資料によれば、人口は 1975 年には 9,341 人であったが、震災前の 2011 年には 4,300 人（1,637 世帯）となっている。[20] 大震災による被害者は死者・行方不明者合わせて 236 人、り災世帯数は 1,467 世帯（約 9 割）、そのうち住宅の全壊は 8 割にのぼっている。震災当初は、最大 23 カ所の避難所に分かれて避難し、雄勝地区内には 2,116 人、河北地区の避難所（3 カ所）には 432 人、合計 2,548 人が避難した。

まちの中心部は壊滅的な打撃を受けた。震災前に居住していた 618 世帯のうち 96％ の住宅が全壊し、総合支所等の行政機関、学校（小学校 2 校、中学校 1 校）、病院、金融機関などがすべて失われることとなった。小学校と中学校は近隣の飯野川地区に間借りで開設し、医療は仮設の診療所（2011 年 10 月から）、郵便局は（同年 11 月から）仮設で操業されるといった状況にある。2015 年 6 月末現在の雄勝地区の居住者は 481 人であり、職員数は、2009 年には職員 43 名、教育委員 6 名、病院 35〜36 名の合計 100 余名であったが、2015 年現在では、職員数 29 名、病院（診療所）7 名、臨時職員 4 名の合計 40 名になっている。

19）旧雄勝地区住民へのヒアリング調査による。旧雄勝地区中心市街地は現在危険区域に指定されているが、その地区の危険区域外に自力で住宅を建設する動きもある（2013 年 3 月 15 日及び 8 月 30 日、ヒアリング調査実施）。なお、雄勝地区での自力再建の動きについては、「自力再建　自らの手で」『日本経済新聞』2013 年 8 月 25 日付参照。
20）雄勝総合支所によれば 2016 年度末には 620 世帯（1,400 人）になると予測されている（石巻市雄勝総合支所の資料による）。雄勝総合支所には、2021 年 11 月にもヒアリング調査を実施した。

表4-4-1　雄勝地域の防災集団移転事業(2015年6月現在)

(単位：戸)

地　区	総戸数	自力再建	復興公営住宅
名振	25	8	17
船越	24	8	16
大須	4	3	1
熊沢	4	0	4
羽坂桑浜	5	3	2
立浜	15	12	3
大浜	8	6	2
小島	10	5	5
明神	9	7	2
原	11	1	10
船戸	6	4	2
伊勢畑	29	15	14
唐桑	6	5	1
水浜（北）	9	7	2
水浜集会所用地	0	0	0
水浜（南）	14	4	0
分浜	6	6	10
波板	6	1	5
計	191	95	96

資料）石巻市雄勝総合支所資料。

　雄勝地区の復興計画についてみると、防災集団移転では災害公営住宅を含めて191戸の整備計画が進められており、総合支所の計画では、雄勝地区居住予定者は1,542人であるとされる。防災集団移転事業（16地区）は表4-4-1に示される通りである。徐々に造成が進められているが、船越、伊勢畑、唐桑地区のようにまだ時間を要する地区もあった。

　以前の中心市街地は危険区域に指定されているため、2015年の時点において、新拠点地域は、まだ基本計画段階であった。防災集団移転事業では、一戸建ての公営住宅96戸、自力再建95戸が計画されており、自力再建では生活再建支援金と利子補給制度を活用する仕組みである。宅地造成地で自力再建するにあたっては、土地を借りた場合には30年間無料でその後有料となるが、購入する場合には、一区画100坪で200万円から300万円が自己負担となる。

　新しい造成地には生活基盤も必要だが、雄勝市立病院は、入院機能はなく外来のみの雄勝診療所となっており、保育所については仮設の子育て支援センターで対応している状況にあった（2017年完成）。

　こうしたなかで、半島部の集落存続の危機が続いている。雄勝地区の船戸地区では、大震災前には68世帯が居住していたが、集団移転事業による計画では2015年6月現在で6世帯にすぎなかった。高齢化率は、震災前の40％から5ポイント上昇し45％となった。雄勝総合支所によれば、5年後には50％、10年後の2025年度には60％超になると予測されており、237人いた小中学生は64人、3年後には27人にまで減少する見込みとなることが示された[21]。高台などへの移転希望者は時間が経つほど減少傾向にあった。石巻市防災集団移転事業（2015年2月）では、半島部の48地区において1,261戸の整備計画が進められた。当初は61地区の1785戸が参加予定であった。このうち小規模な移転事業も目立っており、泊浜6戸など169地区が10戸未満であり、うち4地区は5戸であった。桃の浦地区では2012年の計画では24戸が移転を希望していたが2015年には5戸にまで減少している[22]。

　東北工大稲村研究室での試算によれば、石巻市の半島部は平野部の1.4倍の単価がかかるとされる（表4-4-2）。桃の浦の場合には、総事業費は5億9,320万円（約6億円）である。計画段階の区画は24区画で、1戸あたりの単価は2,471万円だが、2015年の入居希望者は5戸であるため、単純計算で1戸あたりの単価は1億1,864億円になるという。

　こうしたなかで、「持続可能な雄勝をつくる住民の会」では、市民サイドからのまちづくり提案がなされている。住民の意見が十分に反映されないまま、巨額の予算を投入して造成を進めても、住みやすいまちは戻らないどころか、ますます衰退の一途をたどっていく可能性もある。国や県が推し進める9.7メートルの防潮堤建設計画にも反対しつつ、生活者の視点からのまちづくりへの模索が始まっている[23]。

---

21)　『毎日新聞』2014年9月7日付。

22)　『河北新報』2015年5月25日付。

23)　高さ9.7メートルの防潮堤は、最終的には建設されたが、かつての中心部は危険区域に指定されている。

表 4-4-2 防災集団移転 1 戸あたりの単価

自治体	地区名	区画数	単価（千円）
石巻市	鹿立浜	11	36,033
	谷川浜・祝浜	27	35,157
	大谷川浜	20	35,299
	桃の浦	24	24,717
岩沼市	玉浦西・三軒茶屋	328	17,261
	吉田大谷地・上塚	11	22,103
亘理町	吉田上塚	7	11,062
	荒浜中野	321	19,212

注）東北工大稲村研究室算出による。
資料）『河北新報』2015 年 5 月 25 日付。

第 5 節　住民主体の復興
——東松島市——

　最後に、石巻市と隣接する東松島市のケースをみておこう。市は 2005 年に矢本町と鳴瀬町が対等合併して成立した人口約 4 万人の自治体である。震災後には約 3,000 人の人口が減少した。震災後、仮設住宅 917 戸（2,114 人）とみなし仮設 858 戸（2,168 人）で生活を余儀なくされていたが、災害公営住宅や集団防災移転事業については、地区ごとで話し合いの場が設けられて、住民協議会が立ち上げられた[24]。

　東松島市での防災集団移転事業の特徴は、コミュニティを中心に住民主体で進められていたことである。市の説明によれば、第 1 に、移転者が決めた安全な移転地であること、第 2 に、100 年後も持続的・安定的に生活できる地域であること、第 3 に、コミュニティごとに移転できる規模であること、第 4 に、地域の「絆」を重視することといった点にある。市では、7 団地（津波による被災エリアの世帯を市内 7 カ所（内陸部・高台）へ集団移転する計画として始まった。2014 年 6 月 10 日には、5 団地で引き渡しがなされ、166

---

24)　東松島市役所ヒアリング調査提供資料による（2015 年 7 月）。東松島市ヒアリング調査は、2021 年 11 月にも実施した。

戸ですでに住宅の建設が開始されている。2015 年度中には全 717 区画の造成
が終了した。

　防災集団移転事業と同時並行して進められている災害公営住宅については、
16 団地（うち 7 団地は防災集団移転事業事業）321 戸であり、これらは 2014
年度には終了している。さらに、防災集団移転事業 7 団地 571 戸と災害公営
単独団地（9 団地）439 戸、合わせて 1,010 戸の計画がなされ、2015 年度中
に 6 割が完成した。

　特に注目されているのが、「あおい地区」での住民主体のまちづくりの取
り組みである。2012 年に「東矢本駅北地区まちづくり協議会」が設立したが、
この協議会には 164 名が参加した。UR 都市機構が市の代行で宅地造成などを
行っていたが、協議会が市の土地利用計画案に対して、防災・地域コミュニ
ティ再生の観点から修正案を提示し、いくつかの提案が受け入れられている。
「あおい地区」の名称も住民で決定され、1 区画の面積 95 坪、区画決めのルー
ルを住民たちで決定するといった方法が採用された。災害公営住宅も 2 階
建てを 2LDK 平屋に提案するなど、全体としてコミュニティを中心に「日本
一暮らしやすいまち」をめざす取り組みが行われている。

お わ り に

　2015 年度で集中復興期間 5 年間が終了し、2016 年度からは復興・創生期間
5 年間へと向かうこととなった。10 年間で約 32 兆円もの財源を投入して「創
造的復興」という名の下に進められている復興関連事業だが、「人間復興」と
いう点では先が見えない状況が続いた。

　特に大規模合併を実施した石巻市では中心部と周辺部、とくに半島部との
復興格差が拡大しつつある。全体的に大規模なインフラ整備に比べて暮らし
の復興は遅れる傾向にあるが、石巻市ではその特徴が顕著であり、周辺部での
過疎化が加速化している。比較的小規模合併にとどまった東松島市では、住
民主体でコミュニティ重視の復興が進んでいる。いま改めて、生活再建への
公的支援拡充と住民参加型のコミュニティ再生が求められるといえよう。

第5章

コロナ禍における交付金事業と自治体財政
——静岡県熱海市の事例——

　本章の目的は、コロナ禍における国と地方の財政関係にみられる特徴を整理し、自治体財政の現状と課題を明らかにすることにある。2020年1月にWHOが新型コロナウイルスを確認して以来、「新型インフルエンザ等対策特別措置法」（平成二十四年法律第三十一号）にもとづく緊急事態宣言、「新型コロナウイルス感染症緊急経済対策」（2020年4月20日閣議決定）、第1次、第2次補正予算、さらに2020年12月には内閣府による経済総合対策と第3次補正予算が掲げられた。そうした状況下で、2021年度予算が編成された。史上最高額の予算規模となり、公債発行額は43兆5,970億円（建設公債6兆3,410億円、特例公債37兆2,560億円）にのぼった。

　その過程において、地方自治体に対しては、新型コロナウイルス感染症対応地方創生臨時交付金（以下、新型コロナ地方創生臨時交付金と略称。）が創設された。自治体の新型コロナ感染症対策はこの交付金を中心に展開していくことになる。

　1）　コロナ対策と自治体行財政に関しては、平岡和久・森裕之（2020）『新型コロナ対策と自治体財政—緊急アンケートから考える』自治体研究社、平岡和久（2020）『人口減少と危機のなかの地方行財政—自治拡充型福祉国家を求めて』自治体研究社、平岡和久・小関俊紀編著（2021）『新型コロナウイルス感染症と自治体の攻防—コロナと自治体1』自治体研究社等参照。地方交付税改革などの歴史的展開に関しては、小西砂千夫（2022）『地方財政学—機能・制度・歴史』有斐閣等参照。なお、政府による新型コロナ対策に関しては、内閣府（2020）「国民の命と暮らしを守る安心と希望のための総合経済対策」等参照。
　2）　「新型コロナウイルス感染症対応地方創生臨時交付金」は、「新型コロナウイルス感染症緊急経済対策」（2020年4月7日閣議決定（4月20日変更））、「国民の命と暮らしを守る安心と希望のための総合経済対策」（2020年12月8日閣議決定）、「コロナ克服・新時代開拓のための経済対策」（2021年11月19日閣議決定）への対応として創設されたものである。2020年11月に、「協力要請推進枠」（感染拡大に対する都道府県による営業時間短縮要請やそれに伴う協力金の支払い等の機動

そこで本章では、まず、経済総合対策、2020 年度と 2021 年度当初予算、補正予算の特徴を整理した上で、国による新型コロナ感染症対策が自治体財政にどのような影響が及ぼされているのかを検証するために、伊豆半島にある熱海市を事例に取り上げる。熱海市を取り上げる理由は、温泉観光都市であることからコロナ禍の影響を強く受けていることに加えて、2021 年 6 月に熱海市伊豆山土石流災害の発生により、コロナ禍における災害対応についても重要な論点を提示しているためである。以下では、政府によるコロナ関連予算が遅々として進まず、構造改革型の行政見直しを伴う行程表が示されるなかで、コロナ対策と災害対策を実施せざるを得ない自治体の抱える問題を明らかにしていくことにしたい。

第1節　政府予算と新型コロナ地方創生臨時交付金の創設

1　経済総合対策と政府予算

　まず、コロナ禍における政府予算からみていこう。2020 年に策定された経済総合対策における事業規模は 73.6 兆円であり、財政支出は国・地方あわせて 40 兆円規模となる（表5-1-1）。その内訳は、①新型コロナ感染症対策として約 6 兆円、②防災・減災、国土強靱化の推進として約 5.9 兆円、③ポストコロナへ向けた経済構造の転換・好循環実現として約 51.7 兆円といったものであり、自治体行政の標準化・共通化、マイナンバーカードの普及・利活用、ポスト 5G を見据えた研究開発などのデジタル改革、2050 年のカーボンニュートラルへ向けた技術開発の 2 兆円基金創設などのグリーン社会の実現、Go To キャンペーンの延長など（財政投融資資金活用）などを内容とするものであった。コロナ対策よりもむしろ経済構造の転換に重点を置く政策であるとみることもできよう。

的な対応を支援するため）が創設、2021 年 4 月には、特別枠として「新型コロナウイルス感染症対応地方創生臨時交付金（事業者支援分）」が創設されている。さらに、2021 年 12 月に「次の感染拡大に向けた安心確保のための取組の全体像」（2021 年 11 月 12 日）において「検査促進枠」が創設された（内閣府（2022）「新型コロナウイルス感染症対応地方創生臨時交付金」参照）。

表 5-1-1　経済総合対策の予算規模

		（財政支出）	（事業規模）
Ⅰ	新型コロナウイルス感染症の拡大防止策	5.9 兆円程度	6.0 兆円程度
Ⅱ	ポストコロナに向けた経済構造の転換	18.4 兆円程度	51.7 兆円程度
Ⅲ	防災・減災、国土強靱化の推進など安全・安心の確保	5.6 兆円程度	5.9 兆円程度
Ⅳ	新型コロナウイルス感染症対策予備費の適時・適切な執行	（2020 年度）5.0 兆円程度 （2021 年度）5.0 兆円程度	5 兆円程度 5 兆円程度
	合　計	40 兆円	73.6 兆円

注）1）国費は 30.6 兆円であり、うち 2020 年度 3 次補正予算は 20.1 兆円（一般会計 19.2 兆円、特別会計 1.0 兆円）である。
　　2）2020 年度 3 次補正予算における追加額は 1.4 兆円である。
出所）内閣府（2020）「国民の命と暮らしを守る安心と希望のための総合経済対策」。

　2020 年 6 月には、32 次地方制度調査会答申「2040 年頃から逆算し顕在化する諸課題に対応するために必要な地方行政体制のあり方等に関する答申」すなわち、高齢者人口がピークを迎える 2040 年頃から逆算するというシナリオが提起された。これは「自治体戦略 2040 構想」の延長線上にあるシナリオであり、その中には自治体行政の標準化・共通化やデジタル改革などの項目も掲げられていた。第二期まち・ひと・しごと創生総合戦略への道筋も示された時期でもある。同年 7 月には「経済財政運営と改革の基本方針 2020」（2020 年 7 月 17 日）が閣議決定されており、12 月には「新経済・財政再生計画改革工程表 2020」が示され、それが 2021 年度予算方針に加えられていく。さらに 2021 年には、デジタル関連 6 法案（「デジタル庁設置法」「デジタル社会基本形成基本法」「デジタル社会形成整備法」「公金受取口座登録法」「預貯金口座管理法」「自治体システム標準化法」）が可決された。

　こうした状況下で策定された政府予算についてみると、2020 年度予算では、総額 102 兆 6,580 億円、2021 年度予算では 106 兆 6,097 億円（コロナ予備費5 兆円含む）が組まれることになり、いずれも予算額としては最高額を更新

　3）　32 次地方制度調査会答申（2020）「2040 年頃から逆算し顕在化する諸課題に対応するために必要な地方行政体制のあり方等に関する答申」参照。
　4）　デジタル関連 6 法においては、マイナンバーとの紐付けが一層強められ、個人情報保護などの課題が残された。

した。コロナ禍対策として、2020年度補正予算においては、第1次補正1兆円、第2次補正2兆円、第3次補正で1兆5,000億円が組まれ、「協力要請推進枠」（感染拡大に対する都道府県による営業時間短縮要請やそれに伴う協力金等）が創設されることになり（2020年第2次補正のうち500億円を活用）、予備費より、2020年12月2,169億円、2021年7,418億円）、2021年2月8,802億円、2021年3月1兆5,403億円が追加された。2021年4月に特別枠「新型コロナウイルス感染症対応地方創生臨時交付金」（事業者支援分）が創設され、予算総額5,000億円のうち3,000億円を都道府県に交付された（2,000億円は保留）。

　2021年度政府予算の特徴をみておくと、第1に、2020年度に続き、予算規模が過去最高額を更新したこと、第2に、防衛関係費が「中期防衛力整備計画」（2019～2023年度）に沿った形で、最高額を更新し、2014年度から6年間に5,000億円増となったこと、辺野古新基地建設を含む在日米軍再編経費などを含めて、5兆3,422億円が計上されたこと、第3に、社会保障関係費の伸びが抑制されたこと、つまり「社会保障関係費の実質的な伸びを高齢化による増加分におさめるという方針」を達成していること、第4に、地方財政計画の見直し、特に交付税の見直しや人件費削減を行う一方で、投資的経費（地方単独事業）拡大などが挙げられたことにある[5]。

　予算策定にあたっては、経済財政諮問会議による「新経済・財政再生計画改革工程表2020」に沿った形での見直しが求められた。行程表によれば、社会保障関係費の見直しについては、①国民健康保険制度を見直すこと、すなわち、法定外繰入等の解消及び保険料水準統一に関する事項の国保運営方針の記載事項への位置づけや、国保制度の財政均衡を図るための在り方等の検討を行うこと、②医療費適正化計画（第4期）、地域医療構想の実現や医療の効率的な提供の推進のための目標など、適正な医療を地域に広げるための計

---

5)　経済財政諮問会議（2020）「新経済・財政再生計画改革工程表2020」（2020年12月）。改革工程表によれば、「新経済・財政再生計画に掲げられた主要分野ごとの重要課題への対応とKPI、それぞれの政策目標とのつながりを明示することにより、目指す成果への道筋を示すもの」であり、その実現に向けて、本改革工程表に沿って取り組むとされている。コロナ禍対策よりもむしろ歳出見直しに重点をおいたところに特徴がある。

画における取り組み内容を見直し、毎年度の PDCA 管理を強化するため、医療費の見込みの改定や保険料算定に用いる医療費との照合など、医療費適正化計画の実効性を高める方策について、見直しに向けて検討すること、具体的には、後発医薬品の使用促進するため、現行の「使用割合 80% 以上」の目標達成後の新たな目標について検討すること、③後期高齢者医療制度については、1 人当たり医療費の地域差縮減に寄与する都道府県及び知事の役割強化や在り方を検討し、医療扶助における適正化、頻回受診の該当要件の検討を行うとともに、医療費適正化計画の医療費に医療扶助も含まれることを踏まえて、ガバナンス強化に向けた中期的な検討を行うなどの方針が示された。

　このように、政府方針では、コロナ禍において、社会保障を徹底的に見直すことが明記され、コロナ感染症が拡大するなかで最も重視すべき医療に対しても、国民健康保険の見直し、地域医療構想のもとに全国 424 の公立・公的病院の見直し案、後期高齢者医療制度の見直しまで示されたのである。これらはすべて自治体行政に関わるものである。

　社会資本分野の見直しについては、①インフラ長寿命計画を推し進めて、年度内にインフラ長寿命計画の改定及び個別施設計画の 100% 策定を実施することとされ、これにより、インフラの定期的な点検・診断、メンテナンスの PDCA サイクルを確立・実行し、予防保全型の老朽化対策へ転換すること、②PPP／PFI 事業の推進については、人口 20 万人以上の地方自治体全てにおいて PFI 事業を実施することを目指すとともに、人口 20 万人未満の地方自治体における PPP／PFI 導入を加速するため、交付金・補助金事業における PPP／PFI 導入検討の要件化拡大等を実施すること、③政令指定都市及び中核市等を中心に多核連携の核となるスマートシティを強力に推進し、2020 年 4 月時点の 14 地域を 2025 年度までに 100 地域に拡大（都市 OS 導入地域数）することといった行程表も掲げられた。つまり、社会資本分野においても、大半が自治体行財政に関わるものであり、行政の守備範囲の徹底的な見直し、規制緩和、PPP／PFI、民営化、スマートシティの推進を推し進めることがうたわれたのである。

　さらに、地方行財政分野の改革に対しては、①自治体 DX 計画とデジタル

人材確保を進め（2021年から実施）、地方のデジタル化について、経済・財政一体改革推進委員会のWGでフォローアップすること、②水道・下水道の広域化計画、都道府県が2022年度までに策定する水道・下水道の広域化計画の中に、デジタル化及びPPP／PFIの推進など民間活用に関する事項を盛り込むこと、具体的には、2022年度までに、水道は650団体、下水道は450地区で広域化を目指すこと、③自治体間の広域連携について、2021年度以降、多様な広域連携に取り組む地方自治体間の合意形成を国として支援することといった内容が示された。自治体DX計画、上下水道の広域化・民営化など、コロナ対策と同時並行して進められるシナリオが描かれたのである。

2　新型コロナ地方創生臨時交付金の創設と交付税見直し

こうした行程表に加えて、2020年度から地方自治体に対する新型コロナ地方創生臨時交付金事業が実施されていった。新型コロナ地方創生臨時交付金要綱には目的として、以下のように記されている。

　「……地方公共団体が作成した新型コロナウイルス感染症対応地方創生臨時交付金実施計画（以下『実施計画』という。）に基づく事業に要する費用に対し、国が交付金を交付することにより、新型コロナウイルスの感染拡大の防止や感染拡大の影響を受けている地域経済や住民生活の支援、家賃支援を含む事業継続や雇用維持等への対応、『新しい生活様式』を踏まえた地域経済の活性化等への対応、ポストコロナに向けた経済構造の転換・好循環の実現、社会経済活動の再開と危機管理の徹底及びポストコロナ社会を見据えた成長・分配の実現（中略）を通じた地方創生を図ることを目的とする。」[6]

交付金要綱の目的で示された4つの柱のうち、3つの柱（①新型コロナウイルス感染症の拡大防止、②人流抑制等の影響を受ける方々への支援、③未来社会を切り拓く「新しい資本主義」の起動）のいずれかに該当する事業で新型コロナウイルス感染症への対応として実施される事業が交付対象とすることとされた。新型コロナ感染症対策という形式ではあるにせよ、その内容

6）　内閣府（2020）「新型コロナウイルス感染症対応地方創生臨時交付金交付要綱」参照。

は、「新しい資本主義」への起動など、国の政策に沿った自治体政策に対して交付されるものでもあった。

　新型コロナ地方創生臨時交付金の配分額は、2020 年度第 1 次補正予算 1 兆円、2 次補正予算 2 兆円、3 次補正予算 1 兆 5,000 億円、2021 年度補正予算 6 兆 7,969 億円、予備費約 4 兆円を合わせると総額は約 15 兆円にのぼる。地方交付税にほぼ匹敵するほどの額である。

　さらに、2021 年度には、地方交付税算定の見直しも行われている。[7]第 1 に、「地域デジタル社会推進費」2,000 億円（道府県分 800 億円、市町村分 1,200 億円）を設け、人口を基本（地域住民対象の取り組み 1/2、地域企業対象の取り組み 1/2）とされたことである。

　第 2 に、「まち・ひと・しごと創生事業費」（1 兆円）については、「地域の元気創造事業費」（4,000 億円程度、うち 100 億円程度は特別交付税）及び「人口減少等特別対策事業費」（6,000 億円程度）を基に引き続き算定すること、このうち、「人口減少等特別対策事業費」の算定においては、第二期「まち・ひと・しごと創生総合戦略」の期間を踏まえ、2020 年度から 5 年間かけて、段階的に「取組の必要度」に応じた算定から「取組の成果」に応じた算定へ 1,000 億円シフトすることとしており、2021 年度は「取組の必要度」に応じて 3,600 億円程度（道府県分 1,190 億円程度、市町村分 2,410 億円程度）、「取組の成果」に応じて 2,400 億円程度（道府県分 810 億円程度、市町村分 1,590 億円程度）を算定することとしている。[8]

　7）　2021 年度途中において、地方交付税制度の見直しによる再算定が実施されている。その内容は、①臨時経済対策費の創設、②臨時財政対策債償還基金費の創設である。前者は人口を基本として、補正予算に基づく事業の内容に対応し、地方活性化、子ども・子育て等に関する指標を用いて算定するというものである。②は 2021 年度の臨時財政対策債を償還するための基金の積立てに要する経費を算定するため、基準財政需要額の臨時費目として、「臨時財政対策債償還基金費」を創設するというものである。算定方法は、各自治体の臨時財政対策債発行可能額の 27.4％ を基準財政需要額として算定を行うというものである。2021 年度末に再計算結果の交付税が各自治体に配分されたが、その多くは基金に組み入れられており、臨時財政対策債の償還財源とされることとなる（各自治体へのヒアリング調査による）。

　8）　地方交付税における「地域の元気」の算定にあたっては、単位費用×人口×段階補正（経常態容補正Ⅰ＋経常態容補正Ⅱ）、Ⅰはラスパイレス指数、経常的経費削減率、地方税徴収率、クラウド導入率など行革努力、Ⅱは 1 次産業産出額、製造品出荷額、宿泊客、若年就業率、女性就業率など地域経済活性化分を指している（総務省資料による）。

第3に、保健所の恒常的な人員体制の強化、児童虐待防止対策の体制強化、業務改革の取り組み等の成果を反映して算定すること、交付税の算定に用いる「人口」について、2021年度から国勢調査（2020年度）の人口を用いること、その他、会計年度任用職員制度の期末手当については、包括算定経費（人口）で一括計上することがその内容である。

　すでに、2015年度から第二次安倍政権以降、内閣府に地方創生本部が置かれ、トップダウン型の「まち・ひと・しごと地方創生」政策が進められており、2021年度の地方交付税の算定見直しを通じて、地域デジタル社会への対応や成果主義へと一層強化されたとみてよい。

　そこで、以下では、こうした国の政策によって、自治体財政にどのような影響が及ぼされているのかを、地方創生関連交付金、新型コロナ地方創生臨時交付金、災害復旧事業関連支出金に焦点を当てながら、静岡県熱海市を事例にみることにしよう。

第2節　コロナ禍における交付金事業と自治体財政
——熱海市の事例——

1　熱海市の地域経済と「まち・ひと・しごと創生総合戦略」

　静岡県熱海市は人口約3万6,000人の温泉観光都市である[9]。人口の推移をみると、1965年をピーク（約5万5,000人）に年々減少傾向をたどっている。1965年と2015年を比較すると、15歳未満の年少人口は19.2%から7.1%に、15歳から64歳までの人口は71.1%から48.2%に減少し、高齢化率は44.7%となっている[10]。人口動態では、自然減が続いている一方で転入超過といった状況も見られた。それは現役世代が購入したリゾートマンションや別荘などに移住する高齢者が多いためである。したがって超高齢社会の都市となって

---

9)　詳しくは、川瀬憲子（2011b）『「分権改革」と地方財政—住民自治と福祉社会の展望』自治体研究社及び「熱海市人口ビジョン」、地方創生総合戦略、熱海市財政室資料参照。2016年8月と2022年3月に、熱海市財政室にてヒアリング調査を実施した。

10)　熱海市各種統計資料参照。

いる。近年では自然動態、社会動態ともに減少に転じている。

　産業構造をみると、第3次産業人口が85％を占めており、そのうち観光関連の業種は半分を占めている。バブル経済崩壊後、観光入り込み客数の減少によって、旅館・ホテル数が減少し、1983年に205件であったのが、2013年には121件と急減した。2005年には連結実質赤字比率で全国ワースト5に入るほど、財政が悪化していた。その後、2015年からは5年連続で観光客が増加し、V字回復をみせた。熱海の奇跡とも呼ばれ、地域による主体的な取り組みの成果によるところが大きく、熱海駅前の商店街も活気を取り戻した。

　しかしながら、2020年からはコロナ禍の影響を受けて、事態は一変する。2022年2月時点での熱海市の発表によれば、入湯税から見た2020年の年間宿泊客数は185万6,884人と、前年比で約40％、126万2,224人減少した。[11]同市では2015年から5年連続で300万人台を超えていたが、コロナ禍の影響で過去最低の記録となっている。また、東京新聞社によれば、2020年度における観光客減による損失額（宿泊・日帰り客の消費減少額などを基にした推計額）は、熱海市で527億円、伊東市で456億円にのぼる。[12]

　政府による「地方創生」政策との関わりでみると、熱海市では、第一期の地方創生総合戦略の策定時に、「第四次総合計画」（2011～2020年度）の前期計画を終えた段階で、後期計画に「第一期熱海市まち・ひと・しごと創生総合戦略」（2015～2019年度）を組み合わせている。市が策定した人口ビジョンによると、合計特殊出生率を現行の1.22から1.50にまで上昇させ、2060年には2万人を維持するという計画である。基本目標は観光では温泉100選1位、しごとでは市内就業者若年者の割合を15％にすることなどが明記され、くらし、子育て、地域づくりについても具体的な目標値を設定している。しごとでは労働力の確保のKPI（重要業績評価指標）として年間20人増加、企業支援による創業は2019年までに10件といった数値を設定した。[13]

　こうした人口ビジョンと第一期熱海市総合戦略に対しては、下記の地方創

11)　2022年2月時点における熱海市の発表。
12)　『東京新聞』2021年5月28日付朝刊参照。
13)　熱海市（2015）「第一期熱海市まち・ひと・しごと創生総合戦略」及び「熱海市人口ビジョン」参照。

生交付金が支出された。①地域活性化・地域住民生活等緊急支援交付金（地方創生先行型）として、熱海市総合戦略・人口ビジョン作成事業（1,000万円）、外国人観光客等受入環境整備事業（1,701.4万円）、②地域活性化・地域住民生活等緊急支援交付金（地域消費喚起・生活支援型）団体旅行地域促進事業（2,912.3万円）、8名以上の団体旅行客対象とした「熱海で楽しまナイト」クーポン、③地方創生加速化交付金リノベーションまちづくりと融合した創業支援による地域活性化（3,020万円）、日本DMO「美しい伊豆創造センター」による広域観光地域づくり事業（1,000万円）。熱海市に配分された地方創生交付金は総額1億円であり、事業内容をみる限り、少額の事業が多く、KPIを達成するほどの予算は計上されていないことがわかる。地方創生関連事業は、第二期に受け継がれていることになる。

　「第二期熱海市まち・ひと・しごと創生総合戦略」(以下「熱海市総合戦略」と略称。)は総合計画との整合性を図るため、2021〜2025年度までの計画とされた。基本目標には、①「変化し続ける温泉観光地を目指す」、②「稼ぐ力を高めることで若者の安定した雇用を創出する」、③「新しい人の流れをつくる」、④「若い世代の結婚・妊娠・出産・子育ての希望をかなえる」、⑤「時代に合った地域をつくり、安心な暮らしを守るとともに、地域と地域を連携する」が掲げられ、第1目標に対しては、KGI（重要目標達成指標）として地域ブランド調査における魅力度ランキング10位以内（2020年11位）を設定し、具体的には、観光ブランドプロモーション及びメディアプロモーションの充実・強化、まち歩きガイドの養成講座の開催、地域観光活動に対する支援、ライトアップ等によるナイトスポットの整備、観光まちづくり推進組織（熱海型DMO）の構築、泊食分離の推進とワーケーションニーズへの対応などが示されている。KPIは宿泊客数325万人（2018年309万人）と具体的な数値が挙げられている。インバウンドについてもKPIに外国人観光客7万人（2018年3万4,950人）が挙げられている[14]。

　地方創生推進交付金は、①熱海型DMO推進事業（2018年度実績額約3,800

14）　第二期熱海市総合戦略では、合計特殊出生率をKGIとして1.35（2008〜2012年1.22）に設定されている（熱海市「第二期熱海市まち・ひと・しごと創生総合戦略」2021年3月）。

万円、国費 1,900 万円、単費 1,900 万円、実施期間は 2016 年度から 3 年）、②
リノベーションまちづくりの具現化と事業者への支援（2019 年度実績額約
4,200 万円、国費約 2,000 万円、単費約 2,200 万円、実施期間は 2017 年度か
ら 3 年、事業実施計画コンパクトシティ等）、③熱海型別荘コンシェルジュ
事業（2020 年度実績約 360 万円、国費 180 万円、単費 180 万円、実施期間は
2017 年度から 5 年、事業実施計画コンパクトシティ等）の 3 つである。現
在、別荘コンシェルジュ事業のみ継続中だが、事業費が少額である上、国費
と同額の単費を拠出しなければならない構造になっている。

2　新型コロナ地方創生臨時交付金事業と補正予算

　2020 年度には新型コロナの影響が大きくなり、観光客が激減する中で、コ
ロナ対策への対応を迫られることとなる。そこで活用されたのが新型コロナ
地方創生臨時交付金である。表 5−2−1 は、2020 年度と 2021 年度の熱海市
におけるコロナ対策事業と財源内訳を示したものである。同表には、補正後
の予算額と繰越額が示されている。財源内訳のうち、国庫補助、県補助等は
通常の補助事業であるのに対して、「一般財源」と表記されているのは、熱海
市財政室の説明によれば、新型コロナ地方創生交付金充当事業に当たるもの
である。この交付金事業は地方交付税の計算方式をモデルに自治体ごとの配
分額が決定されており、使途は内閣府が示した交付要綱に沿ったもので、内
閣府から認可を受けた事業しか充当できない仕組みとなっている。実際には
使途が限定された「特定財源」に近いが、「一般財源」として財政処理がな
されていることに注目しなければならない（ただし、決算カード作成時など、
決算上は国庫支出金、つまり「特定財源」として処理される）。
　表 5−2−2 は、補正予算の議決日を示したものである。2020 年度だけでも、
11 回にわたる補正予算を策定して、コロナ対策事業の対応が実施された。熱
海市だけでなく、他の自治体の調査でも同様、毎月のように補正予算が組ま
れている。熱海市の場合、年 4 回の定例議会以外の補正予算はすべて専決処
分にて実施されているが、臨時議会を開催している自治体もある。2020 年度

15)　熱海市「地方創生推進交付金事業実施報告」による（2022 年 3 月ヒアリング調査提供資料）。

119

表 5 - 2 - 1　熱海市におけるコロナ

（2020 年度）

	事　業　名
観光経済課	新型コロナウイルス感染症拡大防止協力事業者協力金（第1期）　県1/2
観光経済課	上記（第2期）　県1/2
観光経済課	市民向け宿泊促進事業
観光経済課	伝統文化継承事業補助金
観光経済課	小規模事業者家賃助成金
観光経済課	経済変動対策貸付資金利子補給金
観光経済課	中小企業応援給付金
観光経済課	熱海市任意PCR検査事業
観光経済課	美しい伊豆創造センター誘客事業負担金
観光経済課	ワーケーション施設等環境整備促進事業
観光経済課	新型コロナウイルス感染症予防対策助成金
企画財政課	離島初島日常生活航路運航維持奨励金
まちづくり課	公共交通における感染拡大防止対策事業
公園緑地課	海水浴場開設「密環境防止」情報発信事業
公園緑地課	海水浴場開設「密環境防止」入退場管理事業
危機管理課	避難所用感染予防対策用防護資機材等整備事業
学校教育課	GIGAスクール構想への支援事業　国1/3、起債90%
社会福祉課	子ども子育て支援交付金（放課後児童クラブ）
秘書広報課	熱海市光ファイバ整備事業費補助金（繰越）
学校教育課	小・中学校新型コロナウイルス感染症対策用アルコール消毒液
学校教育課	小・中学校再開に伴う感染症予防対策に係る消耗品・備品
学校教育課	学校臨時休業対策費負担金
学校教育課	GIGAスクールサポーター配置支援事業
健康づくり課	高齢者等への任意PCR検査事業
観光経済課	花火大会開催に係る新型コロナウイルス感染症対策事業
観光経済課	緊急経済対策第3弾花火大会開催補助金
観光経済課	商工会議所市内消費喚起対策事業費補助金（繰越）
観光経済課	市民クーポン事業（繰越）
秘書広報課	緊急経済対策支援体制強化事業
観光経済課	中小企業応援給付金
企画財政課	上下水道料金減免に係る水道事業会計操出金
総務課	庁舎の感染症対策に要する消耗品
協働環境課	地域コミュニティ活動推進事業補助金の拡充
社会福祉課	子育て世代への臨時特別交付金　国10/10

対策事業と財源内訳

(単位；千円)

予算額 (補正後)	財源内訳			繰越額	決算額
	国庫補助	県補助	一般財源		
79,768	0	35,650	44,118	0	79,733
119,568	0	57,850	61,718	0	119,530
10,404	0	0	10,404	0	10,404
5,310	0	0	5,310	0	5,142
51,232	0	0	51,232	0	50,271
39,963	0	0	39,963	0	39,101
85,499	0	0	85,499	0	73,200
3,280	0	0	3,260	0	2,580
2,360	0	0	2,360	0	2,360
40,000	0	0	40,000	0	28,819
100,000	0	0	100,000	0	41,644
1,000	0	0	1,000	0	1,000
4,020	0	0	4,020	0	4,100
3,550	0	0	3,550	0	3,548
5,550	0	0	5,560	0	5,343
5,713	0	2,856	2,857	0	3,756
31,319	10,226	9,100	11,993	0	27,900
2,788	929	829	930	0	2,788
18,200	0	0	18,200	18,200	0
485	242	0	243	0	490
13,000	6,500	0	6,500	0	8,398
430	321	0	109	0	429
1,998	999	0	999	0	1,997
4,929	2,400	0	2,529	0	580
6,507	0	0	6,507	0	6,420
21,000	0	0	21,000	0	17,419
25,000	0	0	25,000	22,000	3,000
203,074	0	0	203,074	203,074	0
1,936	0	0	1,936	0	1,497
200,000	0	0	200,000	0	88,600
115,428	0	0	115,428	0	115,428
627	0	0	627	0	627
10,000	0	0	10,000	0	3,218
22,769	22,339	0	430	0	22,730

担当課	事業名
社会福祉課	住居確保給付金　国 3/4
社会福祉課	ひとり親世帯臨時特別給付事業
健康づくり課	新型コロナウイルス感染症にかかる予防接種経費（繰越）　国 10/10
健康づくり課	救護所に係るコロナ対策用物品購入費
健康づくり課	救護所に係るコロナ対策用物品購入費（繰越）
健康づくり課	新型コロナウイルス対策啓発看板作成業務委託
観光経済課	A-biz スタッフ拡充
消防総務課	新型コロナウイルス感染防護資機材等購入経費（繰越）
学校教育課	保育所における感染症予防対策等に係る消耗品・備品
学校教育課	幼稚園における感染症予防対策等に係る消耗品・備品
合　計	

（2021 年度）

担　当　課	事　業　名
社会福祉課	ひとり親世帯臨時特別給付金
社会福祉課	子育て世帯への臨時特別交付金
社会福祉課	子育て世帯等臨時特別支援事業
社会福祉課	新型コロナウイルス感染症生活困窮者自立支援金
社会福祉課	住民税非課税世帯等に対する臨時特別給付金
健康づくり課	新型コロナウイルス感染症に係る予防接種費
観光経済課	経済変動対策貸付資金利子補給事業
観光経済課	市内消費喚起対策事業費補助金
観光経済課	宿泊事業者 PCR 検査等助成事業補助金
観光経済課	コロナ対策誘客促進事業
合　計	

出所）熱海市財政室提供資料をもとに作成。

当初予算 186 億 3,100 万円は 3 月 17 日に可決され、1 号補正予算 1 億 3,154 万円（4 月 15 日）、2 号補正予算 39 億 1,112 万円（4 月 30 日）、3 号補正予算 1 億 6,016 万円（5 月 7 日）など、補正額の合計は 51 億 6,989 万円となり、補正後の予算額は 238 億 0,089 万円となった。2 号補正予算は、国民 1 人当たり 10 万円が支給された特別定額給付に当たるもので、国庫補助率が 10 割である。1 号補正で計上されたのは、市民向け宿泊促進事業、小規模事業者家賃助成金、貸付金利子補給金、2 号、3 号補正では、新型コロナウイルス感染症拡大

13,122	9,841	0	3,281	0	10,421
44,324	29,044	0	15,280	0	37,413
86,095	86,095	0	0	77,027	9,064
361	0	262	99	0	303
286	0	142	144	0	0
521	0	0	521	0	521
1,600	0	0	1,600	0	1,444
3,158	0	1,000	2,158	2,006	0
3,400	3,400	0	0	0	3,202
500	0	500	0	0	436
1,390,074	172,336	108,289	1,109,449	322,307	834,860

予 算 額	財 源 内 訳		臨時交付金 計画事業費
	国庫補助等	一 般 財 源	
19,105	19,105	0	0
15,202	15,202	0	0
257,188	257,188	0	0
16,530	16,530	0	0
1,318,380	1,318,380	0	0
294,738	294,738	0	0
56,622	49,392	7,230	56,622
5,000	5,000	0	5,000
40,040	40,040	0	40,040
12,500	0	12,500	0
2,035,305	2,015,575	19,730	101,662

防止協力事業者協力金であり、主に事業者向け支援が中心である。子育て世代への臨時特別給付金も 2 号補正で実施されている。4 号補正では、中小企業応援給付金、5 号補正では、離島初島日常生活航路運航維持奨励金、GIGAスクール構想への支援事業が加えられた。2021 年度においても 9 回にわたる補正予算が組まれている。2021 年度補正予算では、コロナ対策に加えて、6月に発生した熱海土石流災害への対応も含まれており、補正額の合計は 54億 1,496 万円となり、当初予算 180 憶 300 万円に対して、補正後は 2020 年度、

表 5-2-2　熱海市予算議決等一覧表（2020 年度及び 2021 年度）

（2020 年度）

（単位：千円）

	議決日	予算額	補正額	補正後の予算額
2020 年度当初予算	2020 年 3 月 17 日	18,631,000		
01 号補正（専決）	2020 年 4 月 15 日	−	131,542	18,762,542
02 号（専決）	2020 年 4 月 30 日	−	3,911,127	22,673,669
03 号（専決）	2020 年 5 月 7 日	−	160,168	22,833,837
04 号（専決）	2020 年 5 月 21 日	−	150,000	22,983,837
05 号（定例）	2020 年 6 月 23 日	−	58,787	23,042,624
06 号（専決）	2020 年 8 月 14 日	−	165,000	23,207,624
07 号（専決）	2020 年 10 月 1 日	−	275,289	23,482,913
08 号（定例）	2020 年 12 月 17 日	−	△ 44,212	23,438,701
09 号（専決）	2021 年 1 月 29 日	−	402,758	23,841,459
10 号（定例）	2021 年 3 月 17 日	−	6,381	23,847,840
11 号（専決）		−	△ 46,944	23,800,896
合　計		−	5,169,896	

（2021 年度）

	議決日	予算額	補正額	補正後の予算額
2021 年度当初予算	2021 年 3 月 17 日	18,003,000		
01 号補正（専決）	2021 年 3 月 31 日	−	156,173	18,159,173
02 号（定例）	2021 年 6 月 25 日	−	21,305	18,180,478
03 号（専決）	2021 年 7 月 4 日	−	974,995	19,155,473
04 号（定例）	2021 年 9 月 15 日	−	359,213	19,514,686
05 号（専決）	2021 年 10 月 25 日	−	619,333	20,134,019
06 号（定例）	2021 年 12 月 17 日	−	799,600	20,933,619
07 号（専決）	2021 年 10 月 17 日	−	257,188	21,190,807
08 号（定例）	2022 年 1 月 21 日	−	1,325,818	22,516,625
09 号（定例）	2021 年 3 月 16 日	−	901,336	23,417,961
合　計		−	5,414,961	

出所）熱海市財政室提供資料をもとに作成。

21 年度ともに、観光経済課によるコロナ対策事業が最も多いことが窺える。
　新型コロナ地方創生交付金は、すでにみたとおり、①新型コロナウイルス感染症の拡大防止、②人流抑制等の影響を受ける方々への支援、③未来社会を切り拓く「新しい資本主義」の起動のいずれかに該当する事業で新型コロナ

ウイルス感染症への対応として実施される事業とされた。本来ならば、新型コロナ感染症対策あるいはコロナ禍対策として進められる事業のはずが、政府が進める「地方創生」政策、「新しい資本主義」の起動、デジタル化などとの関わりで交付されることになったために、多くの自治体では、緊急性のない事業までが交付対象となったのである。コロナ対策を「地方創生」と関連付けたところに最大の欠陥を持つ事業となったといっても過言ではない。

　熱海市も例外ではなく、交付要綱に沿った形で申請され認可を受けたのであるが、光ファイバ整備事業費補助金、商工会議所市内消費喚起対策事業費補助金、市民クーポン、A-biz スタッフ拡充のように大幅に繰越となった事業もある。本来優先されるべき医療関係への交付金は存在しない。しかも、申請から認可されるまでに一定期間を要している。そのため、自治体では緊急の対応を余儀なくされたために、基金の取り崩しなどで対応したところもある。そこで、以下では、熱海市における一般会計決算の推移と 2022 年度予算についてみていこう。

3　熱海市財政の推移と 2020 年度決算

　図 5-2-1 は、熱海市における性質別歳出決算額の推移（1989～2020 年度）を示したものである。熱海市の財政力指数は比較的高く、2000 年代半ばまでは不交付団体であった。ところが 2006 年度決算においては連結実質赤字比率において全国ワースト 6 位に入った。不交付団体の財政危機として財政分析を実施したことがあるが、浮かび上がってきたのは、基準財政需要額の算定において観光需要が反映されていないために、住民基本台帳における人口と実際の観光客や別荘滞在者らの財政需要に差異が生じることにあった。[16]しかも、観光産業の特殊性から生活保護率や平均所得など貧困化を示す指標において、静岡県内のなかでも突出していることなども明らかとなった。その意味では、伊東市や下田市も同様である。

　過去 30 年間に熱海市財政構造は大きく転換した。性質別歳出の推移につい

---

16)　詳しくは、川瀬憲子（2011b）「地域経済の相対的衰退と不交付団体の財政危機」『「分権改革」と地方財政―住民自治と福祉社会の展望』自治体研究社参照。

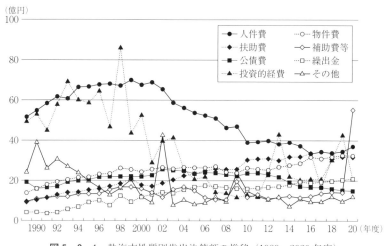

図5-2-1　熱海市性質別歳出決算額の推移（1989～2020年度）

出所）熱海市「決算カード」各年度版及び総務省データベース（e-stat）をもとに作成。

てみると、人件費や投資的経費の割合は大幅に低下し、扶助費、物件費、操出金が増大していることがわかる。人件費の低下も著しく、正規職員数を大幅に減少させてきたことも関係している。操出金については、国民健康保険、介護保険などの特別会計への操出金が増えているが、国民健康保険については、現在、高齢化の進展とともに、後期高齢者保険にシフトしつつある。この点については、2020年度決算について詳しく見ていくこととする。

　また、目的別歳出決算額の推移については、表5-2-3に示されるとおりである。土木費の割合が大きく低下し、それに代わって民生費の割合が高くなっている。土木費は1989年度からみれば、2020年度にはほぼ半分の規模に縮小している。少子化の影響で児童福祉の支出が減少する一方で高齢者福祉に関する支出が拡大している。また、2020年度決算において、性質別歳出では補助費等、目的別歳出では総務費の割合が跳ね上がっていることが窺えるが、これは、2020年度補正予算において、コロナ対策の補助事業として特別定額給付が実施されたことによる。

　図5-2-2にて歳入決算額の推移（1989～2020年度）、表5-2-4にて歳入決算額の推移（2000～2020年度）を示した。歳入の推移をみると、2000年

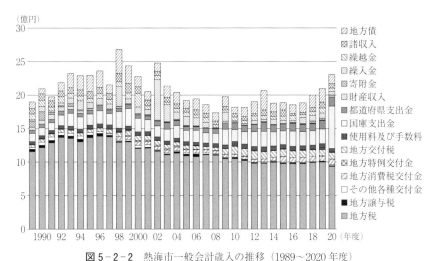

図 5 − 2 − 2　熱海市一般会計歳入の推移（1989〜2020 年度）
出所）熱海市「決算カード」各年度版及び総務省データベース（e-stat）をもとに作成。

代半ば以降に歳入規模が縮小し、2010 年代半ばから徐々に増加傾向を示していることがわかる。歳入のなかでも地方税の割合が年々減少傾向にある。熱海市では 1976 年度から法定外普通税として、一戸建ての別荘やリゾートマンション入居者に対して別荘等所有税が課税されている。別荘等所有税の課税件数は、2017 年度に 9,031 件であったが、2021 年度には 8,903 件とやや減少傾向にあるものの、調停額はコロナ禍前後でそれほど変化はみられない。納税者約 8,909 人（2020 年度）について、都道府県別納税者数についてみると、東京 5,118 人、神奈川 1,953 人、埼玉 566 人、静岡 415 人、千葉 33 人となっており、地元静岡県を除くと首都圏の所有者が多いことが特徴的である。[17]国庫支出金が突出しているが、これについてもコロナ関連の補助金によるところが大きい。

　表 5 − 2 − 5 は、2019 年 10 月の消費税増税に伴う増収分の活用について示したものである。国庫支出金、県支出金と一般財源からそれぞれ負担する仕組みになっており、総額 17 億 4,778 万円が社会福祉、保健衛生などに支出されているが、国と県の負担は 4 億円程度であり、市の負担は 13 億円、そのう

17)　熱海市（2021）「令和 3 年度　市税の概要」参照。

表 5-2-3　熱海市一般会計目的別

	2000 年度	2001 年度	2002 年度	2003 年度	2004 年度
議会費	256,614	241,583	239,717	224,488	218,901
総務費	3,011,965	3,073,173	3,733,939	2,844,564	2,962,638
民生費	3,963,902	4,050,855	4,342,028	4,491,901	4,924,760
衛生費	1,830,931	1,793,465	6,097,477	3,649,228	2,073,108
農林水産業費	312,382	257,330	286,596	287,533	297,533
商工費	1,769,536	1,457,116	1,212,059	1,268,711	1,229,160
土木費	4,398,429	2,862,615	2,494,804	2,464,217	2,418,533
消防費	1,210,292	1,194,403	1,100,395	1,057,762	1,082,708
教育費	3,457,878	2,747,461	2,358,837	2,029,469	1,897,606
災害復旧費	0	12,532	25,754	36,002	221,982
公債費	2,199,639	2,263,813	2,563,879	2,512,816	2,484,905
その他	0	0	0	0	0
合　計	22,411,568	19,954,346	24,455,485	20,866,691	19,811,834

	2011 年度	2012 年度	2013 年度	2014 年度	2015 年度
議会費	235,685	209,053	206,952	204,223	191,278
総務費	2,339,265	2,487,095	3,212,585	2,988,769	2,543,805
民生費	5,357,984	5,612,724	5,536,063	5,699,090	5,885,067
衛生費	1,408,890	1,381,116	2,080,132	1,698,316	1,738,393
農林水産業費	176,245	178,371	294,535	234,573	298,858
商工費	880,638	622,175	565,973	558,481	690,710
土木費	2,052,731	2,766,858	2,053,823	1,858,263	1,781,045
消防費	818,824	790,147	1,216,177	792,440	1,275,287
教育費	1,383,416	1,784,810	2,522,167	1,666,016	1,516,988
災害復旧費	23,350	0	29,326	60,917	42,040
公債費	2,372,790	2,287,383	2,176,309	1,918,505	1,709,883
その他	71,375	37,273	123,709	0	1,013
合　計	17,121,193	18,157,005	20,017,751	17,679,593	17,674,367

出所）熱海市「決算カード」各年度版及び総務省データベース（e-stat）を基に作成。

ち地方消費税交付金は 3 億 2,941 万円となっている。

　コロナ禍が表面化した 2020 年度決算についてさらに詳しくみると、一般会計決算額は歳入では 230 億 7,000 万円、歳出では 224 億 7,000 万円となり、歳入歳出差引額（形式収支）約 6 億円から翌年度へ繰り越すべき財源 1 億 4,000 万円を差し引いた実質収支は 4 億 5,000 万円であった。当初予算 186 億 3,100 万円に比べると、決算額は 50 億円超増である。また、実質収支の前年度と

歳出額の推移（2000～2020 年度）

（単位：千円）

2005 年度	2006 年度	2007 年度	2008 年度	2009 年度	2010 年度
213,246	212,922	197,508	184,260	171,470	173,750
2,745,561	2,931,956	3,276,217	2,898,048	3,721,358	2,585,808
4,998,512	5,082,271	5,065,277	4,896,470	4,848,598	5,386,299
1,913,131	1,551,725	1,441,590	1,304,168	1,330,001	1,433,334
259,843	243,676	229,496	144,917	136,202	154,468
1,147,489	1,120,455	903,136	826,283	882,842	884,325
2,341,246	2,243,636	2,051,345	2,121,008	3,388,576	2,091,340
1,016,443	1,021,900	952,753	843,048	794,228	831,362
1,773,121	1,937,152	1,617,387	1,430,011	1,493,014	1,465,352
19,593	0	26,585	0	0	0
2,340,806	2,410,080	2,378,173	2,294,442	2,227,067	2,362,309
0	0	0	0	1,307	69,524
18,768,991	18,755,773	18,139,467	16,942,655	18,994,663	17,437,871

2016 年度	2017 年度	2018 年度	2019 年度	2020 年度
178,233	173,396	175,510	178,833	175,448
2,071,804	1,845,136	2,189,135	2,893,522	5,965,537
5,954,610	6,148,521	6,075,863	6,705,690	6,424,147
2,196,497	2,428,968	2,183,723	2,109,296	2,123,521
297,324	210,672	135,733	427,957	142,265
873,795	711,711	781,762	696,240	1,104,330
2,102,199	2,093,226	2,597,513	2,561,414	2,350,759
836,707	994,409	924,589	926,600	966,336
1,466,142	1,563,934	2,140,408	1,941,026	1,640,863
0	4,752	19,825	107,438	84,747
1,669,068	1,666,505	1,591,205	1,521,068	1,492,331
995	949	4,293	4,581	4,515
17,647,374	17,842,179	18,819,559	20,073,665	22,474,799

の増減を示す単年度収支は、約 4 億円の赤字、単年度収支から年度間の財源調整として財政調整基金の積立額と取崩し額を差し引いた実質単年度収支は、4 億 3,300 万円の赤字となった。[18]

　歳入総額が 21 億円増加したのは、コロナ禍により市税が前年度に比べると

---

18)　熱海市（2022）『令和 2 年度　決算に係る主要な施策の成果に関する報告書並びに基金運用状況報告書』参照。

表 5 - 2 - 4　熱海市一般会計歳入

	2000 年度	2001 年度	2002 年度	2003 年度	2004 年度
地方税	12,035,933	12,107,980	11,630,344	11,083,664	11,361,937
地方譲与税	124,965	125,385	126,922	133,816	213,664
その他各種交付金	379,748	396,659	200,629	172,432	201,096
地方消費税交付金	507,112	490,315	416,101	446,098	498,319
地方特例交付金	212,683	199,883	198,665	196,366	176,503
地方交付税	713,107	676,116	657,258	615,495	581,051
分担金及び負担金	80,224	76,699	63,318	44,000	44,712
使用料及び手数料	501,093	518,404	504,341	495,686	513,121
国庫支出金	2,019,101	1,773,907	1,632,909	1,759,143	1,874,958
都道府県支出金	484,552	536,019	727,490	974,782	748,137
財産収入	133,046	92,045	93,693	66,587	75,106
寄附金	49,810	112,577	31,880	64,762	116,920
繰入金	1,010,583	782,274	6,060,363	2,535,640	1,091,506
繰越金	2,005,656	497,864	591,893	378,414	509,320
諸収入	1,002,824	896,005	609,356	692,605	698,053
地方債	1,545,800	1,247,100	1,281,800	1,716,200	1,720,200
歳入合計	22,908,847	20,546,239	24,833,899	21,376,011	20,424,952

	2011 年度	2012 年度	2013 年度	2014 年度	2015 年度
地方税	10,226,135	9,791,024	9,793,374	9,967,010	9,762,576
地方譲与税	107,137	100,574	96,974	92,287	96,448
その他各種交付金	89,810	97,348	134,901	113,842	120,423
地方消費税交付金	442,144	438,462	434,726	520,397	833,899
地方特例交付金	48,237	11,367	9,870	8,925	7,358
地方交付税	1,131,167	1,253,924	1,116,522	1,033,367	1,111,802
分担金及び負担金	57,155	55,301	56,073	81,149	85,341
使用料及び手数料	609,301	610,494	655,500	618,554	617,840
国庫支出金	1,826,402	2,200,719	2,304,958	2,073,431	2,036,569
都道府県支出金	947,946	1,065,368	1,371,617	1,051,259	1,030,146
財産収入	54,273	31,983	29,925	54,975	44,355
寄附金	11,988	10,775	31,570	8,845	18,643
繰入金	202,563	586,765	338,805	794,830	485,577
繰越金	464,094	649,410	554,379	429,717	623,969
諸収入	604,708	349,672	872,077	666,674	905,800
地方債	1,339,920	1,768,198	2,896,197	1,288,300	1,087,800
歳入合計	18,162,980	19,021,384	20,697,468	18,803,562	18,868,546

出所）熱海市「決算カード」各年度版及び総務省データベース（e-stat）をもとに作成。

決算額の推移（2000～2020 年度）

（単位：千円）

2005 年度	2006 年度	2007 年度	2008 年度	2009 年度	2010 年度
10,915,305	10,816,026	11,067,092	11,011,410	10,489,161	10,502,168
290,598	395,176	134,650	129,771	122,492	119,339
189,832	183,164	186,871	151,322	117,797	108,214
462,569	483,261	465,892	425,524	447,990	447,221
135,340	98,248	25,469	40,221	50,283	54,912
550,124	451,376	437,156	466,018	806,591	1,148,697
48,872	47,441	50,163	54,305	47,771	56,246
487,245	505,993	493,737	502,533	498,244	667,322
1,675,935	1,763,036	1,519,505	1,526,163	2,331,745	1,776,587
599,752	590,394	711,388	678,814	953,188	985,820
31,440	33,726	42,947	82,950	248,263	133,601
80,271	45,603	9,155	8,646	9,305	8,573
1,385,149	1,213,802	809,602	135,483	1,342,931	203,414
611,919	427,823	695,920	358,787	323,926	537,187
589,464	758,424	648,807	565,034	526,063	527,364
1,143,000	1,638,200	1,299,900	1,259,600	1,476,100	925,300
19,196,815	19,451,693	18,598,254	17,396,581	19,791,850	18,201,965

2016 年度	2017 年度	2018 年度	2019 年度	2020 年度
9,757,556	9,754,325	9,898,571	9,981,136	9,344,213
95,724	95,301	96,208	97,163	98,580
86,626	124,119	109,107	87,689	119,128
732,357	752,476	775,871	720,416	871,599
8,273	8,765	9,720	44,717	16,230
983,207	1,017,331	961,207	939,598	991,101
87,173	94,096	99,999	320,994	114,544
626,987	613,857	603,189	580,718	466,578
2,271,881	2,105,530	2,147,229	2,171,434	6,322,620
1,144,262	1,065,253	1,034,490	1,283,625	1,248,864
32,741	30,281	62,134	35,015	20,445
88,318	93,864	337,657	283,322	388,851
274,267	897,393	845,033	786,816	530,093
744,179	457,951	556,612	756,828	485,912
319,774	309,149	626,845	866,406	671,189
1,302,000	1,429,100	1,832,515	2,003,700	1,381,219
18,555,325	18,848,791	19,996,387	20,959,577	23,071,166

表 5-2-5　熱海市における消費税引き上げ

事　業　名		経　費
社会福祉	社会福祉事業	83,051
	老人福祉事業	138,953
	児童福祉事業	22,187
	小・中学校就学援助奨励事業	16,964
	小　計	261,155
社会保険	国民健康保険事業（繰出金）	300,947
	介護保険事業（繰出金）	743,958
	後期高齢者医療事業（繰出金）	156,764
	小　計	1,201,669
保健衛生	母子保健事業	14,136
	結核予防事業	20,191
	各種予防接種事業	54,382
	がん検診事業	40,122
	救急医療事業	151,809
	初島診療所事業	4,318
	小　計	284,958
合　　計		1,747,782

注）各事業に要する一般財源の比率に応じて、地方消費税交付
出所）熱海市資料による。

6.4% 落ち込んだものの、新型コロナ地方創生交付金を含む国庫支出金、消
費税増税に伴う地方消費税交付金等が増加したことによる。この点について
はすでに見たとおりである。

　市税は、99 億 8,000 万円から 93 億 4,000 万円と 6 億円減少し、軽自動車税
と特別地方消費税を除き、すべての税目でマイナスとなった。個人市民税は
3.5% 減、法人市民税は 37.1% 減となり、特に法人市民税の大幅な減少とな
った。入湯税も宿泊観光客の大幅な減少を受けて、52% 減と著しい落ち込み
となっている。

に伴う地方消費税増収分の活用（2021 年度）

（単位：千円）

財源内訳				
特定財源			一般財源	
国・県支出金	地方債	その他		うち引上げ分の地方消費税交付金
36,224	0	0	46,827	11,940
0	0	25,100	113,853	29,032
3,000	0	0	19,187	4,892
1,066	0	0	15,898	4,054
40,290	0	25,100	195,765	49,918
211,787	0	0	89,160	22,735
58,572	0	0	685,386	174,765
117,573	0	1	39,190	9,993
387,932	0	1	813,736	207,493
249	0	0	13,887	3,541
0	0	0	20,191	5,148
437	0	0	53,945	13,755
702	0	0	39,420	10,052
0	0	0	151,809	38,710
0	0	1,201	3,117	795
1,388	0	1,201	282,369	72,001
429,610	0	26,302	1,291,870	329,412

金（社会保障財源化分）を按分し充当している。

　地方交付税は、基準財政需要額と基準財政収入額の算定によって算出されるが、基準財政需要額の算定においては、地域振興費、地域の元気創造事業費、公債費等が減少した。社会福祉費、高齢者保険福祉費の増加、地域社会再生事業費の創設により、2019 年度に比べると、2 億 3,300 万円、3.2% 増となっている。一方、基準財政収入額においては、個人所得税所得割、法人市民税法人税割等が減少したが、固定資産税、地方消費税交付金等の増加により、2.3% 増となっている。

　地方交付税算定で用いられる地域の元気創造事業費は、すでにみたとおり、

成果が反映される仕組みになっている。具体的には、単位費用×人口×段階補正（経常態容補正Ⅰ＋経常態容補正Ⅱ）で計算されるが、Ⅰはラスパイレス指数、経常的経費削減率、地方税徴収率、クラウド導入率など行革努力、Ⅱは１次産業産出額、製造品出荷額、宿泊客、若年就業率、女性就業率など地域経済活性化分が加えられている。コロナ禍において、宿泊客が大幅に減少した観光都市にとっては、厳しい査定となったことは否めない。

　目的別歳出決算についてみると、総務費は特別定額給付金事業により２倍になり、民生費は子育て世帯及びひとり親世帯への臨時特別給付金事業が加わったが、認定こども園改修事業費の減少により 4.2% 減、衛生費は水道事業会計の操出金などにより 0.7% 増、観光商工費はプレミアム付き商品券事業が皆減となった。プレミアム付き商品券事業に対しては公共性や有効性の観点から改めて検証する必要があるが、新型コロナウイルス感染症対策中小企業応援給付金により６割増となっている。土木費は姫の沢公園管理棟新築工事の完了に伴い 10.5% 減、消防費は救助工作車整備事業により 4.3% 増、教育費は小中学校校舎等改築費減少により 15.5% 減、公債費も 1.9% 減、温泉事業会計操出金も減少している。

　性質別歳出決算についてみると、人件費は会計年度任用職員制度開始により増加、扶助費は障害者総合支援法にもとづく給付費が増加したが、少子化で児童扶養手当が減少したため、0.3% 減となっている。投資的経費は大幅な減少となり、前年度 52.2% 減である。補助事業は 28.5% 減、単独事業は 62.3% 減と、補助事業、単独事業ともに大幅に減少した。大きく増えたのは補助費等であり、すでにみた特別定額給付金やコロナ感染症対策協力金などが含まれている。積立金も 37.6% 増となっており、環境衛生施設等整備基金積立金である。介護保険事業特別会計操出金、後期高齢者医療事業特別会計操出金を含む操出金も 3.1% 増となっている。

　基金は、財政調整基金を中心に総額で 12 億円の積み立てを行っており、2020 年度末現在は、75 億 2,780 万円、このうち財政調整基金は 33 億 3,600 万円である。この基金こそが、後述の通り、熱海市伊豆山土石流災害において、力を発揮することになる。

4　2022 年度予算
——伊豆山土石流災害とコロナ禍を乗り越える年——

　熱海市の 2022 年度予算は、「伊豆山土石流災害からの復興と長期化するコロナ禍を乗り越えていく年」の予算として位置づけられており、伊豆山土石流災害からの復旧・復興としては、復興まちづくり計画の策定、被災者見守り・相談支援、逢初川沿い市道再整備、用地購入、災害廃棄物の処理、災害派遣職員の確保、被災事業復旧支援など、コロナ禍における対策としては、新型コロナウイルス感染症に係る予防接種、自宅療養者等への支援、生活困窮者自立支援（生活困窮者自立支援金、住民税非課税世帯・家計急変世帯に対する臨時特別給付金）、コロナ禍における経済対策などが挙げられている。[19]

　一般会計 196 億 5,400 万円（前年度比 16 億 5,100 万円、9.2％ 増）、特別会計の合計は 117 億 8,860 億円（前年度比 9,850 万円、0.8％ 増）、公営企業会計の合計は、68 億 3,160 万 8,000 円（前年度比 0.7％ の減）となり、全体では 382 億 7,420 万円で前年度比 4.7％ 増となっている。

　一般会計の歳入は、市税が前年度に比べて 5 億円多い 89 億 8,000 万円と見込まれているが、これは 2021 年度に実施された固定資産税・都市計画税の中小企業者の事業者に係る課税標準の特例措置が終了したことが大きな要因となっており、固定資産税 4 億 6,841 万円、都市計画税 6,654 万円の増加が見込まれている。コロナ禍は依然として続いており、先行き不透明ではあるにせよ、静岡県内の多くの自治体で税収増を見込んでいる。ただし、入湯税は観光客の増加が見込まれないことから減少が見込まれている。

　地方特例交付金は、固定資産税・都市計画税の課税標準の特例措置に対する「減収補てん特別交付金」の終了により、6 億 7,683 万円の減少が見込まれている。言い換えれば、2021 年度までは特例措置に対して減収補てん特別交付金が充当されていたことを意味している。

19）　熱海市においては公共施設の統廃合については、現時点では計画はあるものの実施されていない。2015 年に市民アンケートによる意見集約も行われている。詳しくは、熱海市（2016）「熱海市公共施設に関するアンケート調査　結果報告書」、熱海市（2019）「熱海市公共施設個別施設アクションプラン（第 I 期）」（2017 年 12 月、2019 年 3 月改定）参照。

一般財源である地方交付税は、総務省による 2022 年度地方財政対策の内容と交付額の実績等から、普通交付税と特別交付税合わせて 2 億 2,000 万円の増加が見込まれている。特定財源である国庫支出金は、24 億 7,121 万円で前年度比 4 億 8,000 万円の増加が見込まれているが、これは新型コロナワクチン接種等に係る補助金、災害廃棄物処理事業費補助金、社会資本整備総合交付金、緊急輸送ルート等沿道建築物耐震化促進事業費補助金などの増加である。災害廃棄物などは熱海伊豆山土石流災害の復旧事業にあたるもので、その点については後述することとする。また、県支出金は 12 億 1,613 万円で前年度比 8,700 万円の増加が見込まれているが、これは介護サービス提供体制整備促進事業費補助金の増加が主な要因となっている。

　寄附金は 3 億 8,000 万円の増加が見込まれているが、これは被災地である熱海市ふるさと寄附金によるものである。一般にはふるさと納税として知られるが、自治体での予算処理上は寄附金として扱われる。また、繰入金は 16 億円で、財政調整基金、減債基金、ふるさと応援基金、文化振興基金等からの繰り入れであり、前年度費 7 億 8,800 万円が見込まれている。市債は 12 億 500 万円で前年度 4,310 万円増が見込まれており、臨時財政対策債は減少しているが、衛生債、土木債、教育債が大幅に増加している。ちなみに臨時財政対策債は、可能額のうちほぼ満額が発行されている。

　一般会計の歳出は、人件費が 41 億円で前年度比 933 万円の減少となっているが、これは定年退職者の減により退職手当の減少がその要因となっているが、すでにみたように、過去 30 年間に人件費は減少の一途をたどっており、正規職員の数も減少している。

　扶助費は 32 億 6,000 万円で前年度比 2,000 万円の減少となっている。これは新型コロナウイルス感染症生活困窮者自立支援金給付事業が増加する一方で、少子化による影響で、児童手当、こども医療費助成等の減少によるところが大きい。熱海市では住民税非課税世帯の割合が高く、約 2 万世帯のうち 1 万 3,000 世帯が対象となっている。高齢化と貧困化による財政への影響が最も強く表れるものである。

　公債費は、16 億 2,700 万円で前年度比 1 億 4,400 万円の増加が見込まれて

いるが、これは認定こども園整備事業など、2018 年度に実施した建設事業の元利償還が開始されることによるものである。

　投資的経費では、普通建設事業費は 15 億 2,500 万円で前年度比 4 億 5,200 万円の増となっている。具体的には、災害復旧に係る補助事業としての逢初川沿いの市道再整備、単独事業では小中学校校舎改築事業、大黒崎地内私有地法面崩壊対策事業などである。災害復旧事業による影響はしばらく続くものと思われる。

　物件費では、39 億 8,000 万円で前年度 6 億 6,600 万円増となっているが、これは新型コロナワクチン接種に係る委託料、災害廃棄物処理に係る委託料、伊豆山復興計画策定業務委託料等による。補助費等は、16 億円で前年比 2 億 5,600 万円増となるが、これは災害派遣職員に係る派遣元自治体への負担金、介護サービス提供体制整備促進事業費補助金、伊豆山地区被災事業者復旧支援事業費補助金、緊急輸送ルート等沿道建築物耐震化促進事業補助金による。いずれも、災害復旧に関わるものである。

　維持補修費は 2 億 3,300 万円で 8,000 万円増となるが、庁舎電話交換機公開工事、起雲閣表門及び澤田政廣記念美術館外壁修繕工事等による。投資及び出資金は 4 億 8,700 万円で水道事業における上水道建設改良工事に係る水道事業会計への出資金などが主な要因となっている。操出金は 22 億 4,000 万円で、介護保険及び後期高齢者医療事業の各特別会計への操出金増により、前年度 6,000 万円増とされている。

　国民健康保険事業特別会計においては、歳入歳出ともに、52 億 2,600 万円で、前年度 8,800 万円の減となっている。これは歳入の主なものとして、国民健康保険税が 8 億 3,800 万円減、県支出金が 38 億 2,600 万円で 6,300 万円減、歳出の主なものとして、保険給付費が 27 億 5,800 万円で 5,600 万円減、国民健康保険事業費納付金が 13 億円で 2,500 万円減となっているが、これは被保険者数の減少と納付費、療養費の減少によるものである。

　介護保険事業特別会計では、歳入歳出ともに、56 億 960 万円で前年度 1 億 3,700 万円増となっており、歳入では保険料 10 億 8,000 万円で 2,200 万円増、国庫支出金が 13 億 6,000 万円で 5,200 万円増、支払基金交付金が 14 億 4,000

万円で 4,400 万円増、県支出金が 8 億円で 2,300 万円増、歳出面では保険給付費が 51 億 6,500 万円で 1 億 7,000 万円増となっている。後期高齢者医療事業特別会計では、歳入歳出ともに、9 億 2,000 万円で前年度比 8,200 万円増（9.8％増）となっている。歳入面では、後期高齢者医療保険料が 7 億 2,000 万円で 6,700 万円増、歳出面では後期高齢者広域連合納付金が 9 億円で、8,500 万円増となっている。

　2022 年度予算についてまとめると、前年度予算に比べて規模が大きくなっているものの、伊豆山土石流災害による災害復旧・復興関連事業の増加、コロナ禍における貧困問題の顕在化に伴う扶助費の増加が特徴として挙げられる。復旧事業は終了したものの、復興事業は継続することとなろう。そこで、最後に、伊豆山土石流災害と復旧事業についてみていくことにしよう。

第 3 節　熱海市における伊豆山土石流災害と復旧事業
——熱海型モデルになり得るか——

　熱海市伊豆山地区は、伊豆半島を一望できる風光明媚な土地として知られ、伊豆山神社などを中心に地域固有の歴史、文化を有し、古くから集落が形成されてきた地区である。この地区の東側は相模灘に面し伊豆山港を有しており、西側は岩戸山の斜面緑地が広がっている。伊豆山浜周辺は、商業系用途地域に指定されており、ホテルや商業施設等が立地する温泉観光地となっている。また、国道 135 号と県道十国峠伊豆山線沿線を中心に、住居系用途地域に指定されている[20]。つまり、商業系と住居系の用途地域に指定されている地域で、商業系地域は温泉観光地、住居系地域は別荘を含む住宅街となっている。伊豆山地区人口・世帯数は、被災区域を含む伊豆山全域で人口 3,212人、世帯数 2,102 世帯（住民基本台帳、2022 年 2 月末時点）、高齢化率は 58.0％と高い[21]。

---

20)　熱海市（2022）「熱海市伊豆山復興基本計画（骨子）」2022 年 2 月及び熱海市資料参照。
21)　伊豆山地区において高齢化率が高いのは、別荘所有者が退職後に移住していることも要因の一つとなっている（熱海市におけるヒアリング調査による）。

表 5-3-1　熱海伊豆山土石流災害における被害状況

建物被害（2022 年 1 月 1 日現在）

被害状況	棟数（棟）	世帯数（世帯）	世帯員数（人）	罹災証明発行件数（件）	備　考
全　壊	53	76	135	64	死亡世帯 10 人、行方不明世帯 1 人
大規模半壊	6	5	15	5	
中規模半壊	1	1	3	1	
半　壊	4	6	11	6	
準半壊	8	10	17	10	
一部損壊	26	44	74	44	準半壊に至らないもの
その他	34	39	49	38	未調査（無被害と見込まれる住家）、不明（無被害と見込まれるが住家の特定できない）
計	132	181	304	168	

出所）「熱海市伊豆山復興基本計画（骨子）」（2022 年 2 月）。

　この地区において、2021 年 7 月 3 日、大規模な土石流災害（以下、「伊豆山土石流災害」という。）が発生した。それはまさにコロナ禍での大災害であった。逢初川源頭部（海岸から約 2 キロメートル上流）の盛り土から大量の土砂が川を下り、死者 27 名（直接死 26 名、関連死 1 名）、行方不明者 1 名という人的被害、181 世帯、132 棟の物的被害をもたらした。

　発災後、熱海市及び静岡県において災害対策本部が設置され、同日に災害救助法の適用、7 月 9 日に被災者生活再建支援法が適用された。18 日には災害安全確保区域の変更及び生活再建等を優先する区域の設定、31 日に立ち入り区域の見直し、8 月 16 日に災害対策基本法第 63 条に基づく警戒区域の設定が行われた。[22]

　2022 年 1 月 1 日現在の建物の被害状況は表 5-3-1 の通りである。被災建物 132 棟のうち、全壊 53 棟、大規模半壊 6 棟、中規模半壊 1 棟、半壊 4 棟、準半壊 8 棟、一部損壊 26 棟、その他 34 棟となっている。

22)　熱海市（2022）「熱海市伊豆山復興基本計画（骨子）」2022 年 2 月及び熱海市調査資料参照。

表 5－3－2　熱海市伊豆山土石流災害における避難所の開設状況

避難所の開設状況（各避難所の避難者数（ピーク））　※ピーク時：避難者582人（7/11時点）

区　分	避難所名	開設期間	避難者数（人）	備考
指定避難所	泉小中学校	7/3～7/7	40	7/4　7：00頃
	伊豆山小学校	7/3	約50	7/3、Aホテルへ移動
	熱海中学校	7/3～7/5	51	7/4　7：00頃
	第一小学校	7/3～7/7	15	7/6　12：00頃
	第二小学校	7/3～7/5	3	7/4　7：00頃
	多賀小学校	7/3～7/7	0	
	多賀中学校	7/3～7/5	0	
	上多賀会館	7/3～7/5	0	※臨時開設
	網代公民館	7/3～7/5	0	※臨時開設
	南熱海支所	7/3～7/5	8	7/4　7：00頃　※臨時開設
	福祉センター（中央公民館）	7/3～7/5	77	7/4　7：00頃　※臨時開設
指定避難所以外	伊豆山浜会館	7/3～7/5	20	7/4　11：00頃
	仲道公民館	7/3～7/5	30	7/4　11：00頃
	Aホテル	7/3～7/5	90	7/4　11：00頃
	Bホテル	7/3～7/5	24	7/4　11：00頃
	Cホテル	7/3～7/5	40	7/4　11：00頃
	Dホテル	7/4～7/20	527	7/11　12：00頃
	Eホテル	7/4～7/12	55	7/5～7/11
	Fホテル	7/20～9/15	188	7/24　12：00頃
	Gホテル	7/20～8/7	148	7/26　12：00頃
	Hホテル	8/7～8/28	17	8/7　16：00頃
	Iホテル	9/15～10/21	73	9/16　12：00頃

出所）熱海市（2022）「熱海市伊豆山復興基本計画（骨子）」2022年2月。

　表5－3－2により、避難状況を見ると、ピーク時には582人が指定避難所にあたる小中学校に避難しているが、伊豆山小学校に避難した約50人はその日のうちに、Aホテルに移動しているなど、指定避難所以外のホテルが数多く活用されたことが窺える。これほど多くのホテルが活用されたのは、熱海が温泉観光地であることに加えて、コロナ禍で観光客が少なかったことも関

係しているが、熱海市の迅速な財政面での対応によるところも大きい。

　2021年度においては復旧事業が概ね完了し、復興事業に向けた計画が進められている。復旧関連の事業については、表5−3−3に示されるとおりである。7月4日の補正予算において、災害救助費、廃棄物処理費、災害復旧費など9億7,000万円が専決処分の形で決定された。

　災害救助費のうち避難運営等に2.8億円が計上されているが、これがホテルを含む避難所に充てられた経費である。市担当者によれば、国や県からの交付金による財政見通しが明確に示されないなかで、いち早く被災者に対応するために、財源を捻出したという。一般には、東日本大震災や熊本地震による震災のように、大規模災害が起こると長期にわたる避難所での生活を余儀なくされることが多い。東日本大震災の場合には、仮設住宅に入るまでの間に長期にわたって公民館や小中学校の体育館などに避難を余儀なくされている。[23]公営住宅（あるいは災害公営住宅）や仮設住宅などに入居できるまでの間、避難所としてホテルが提供されたことは、コロナ禍における大規模災害を経験した温泉観光都市の試みとして先進モデルとして高く評価することができるのではないか。

　災害復旧関連への対応としては、9回にわたる補正予算が組まれた。2022年2月15日現在の集計では、28億6,000万円が計上されており、国庫支出金、県支出金、市債、一般財源、分担金・負担金の財源内訳は表に示されるとおりである。

　2021年度末現在の地方債残高は表5−3−4のとおり、167億円のうち災害復旧債は1億円程度だが、災害復旧事業が本格化するのは2022年度以降である。復興計画は2022年5月を目処に策定中であり、復興まちづくりの基本ともいえる市民の意見がいかに反映されるかが重要な論点となるであろう。

23）　東日本大震災の復旧・復興に伴う交付金事業と自治体財政に関しては、さしあたり、拙稿（2013a）「被災地・被災者支援と市町村合併―宮城県石巻市を事例に」岡田知弘他編『震災復興と自治体―「人間の復興」へのみち』自治体研究社、同（2013b）「東日本大震災後の政府復興予算・一括交付金と自治体財政―宮城県石巻市を事例に」『経済論集』愛知大学経済学会、第190号、同（2015）「市町村合併と復興格差をめぐる現状と課題」『環境と公害』第45巻第2号、同（2016）「大震災後の復興交付金事業と復興格差をめぐる諸問題」綱島不二雄他編『東日本大震災　復興の検証―どのようにして「惨事便乗型復興」を乗り越えるか』合同出版等参照。

表 5-3-3　熱海市伊豆山土石流

	担当課	事業名等
2021 年 7 月 4 日（専決）補正 3 号	企画財政課	災害救助費（炊き出しその他）
	危機管理課	災害救助費（避難運営等）
	市民生活課	災害救助費（埋葬等）
	長寿介護課	災害救助費（災害援護資金貸付金及び災害見舞金）
	長寿介護課	災害救助費（生活必需品給与等）
	まちづくり課	災害救助費（被災住宅応急修理経費）
	まちづくり課	災害救助費（応急仮設住宅供与）
	環境センター	廃棄物処理費（災害廃棄物処理）
	観光経済課	公共農林水産施設等災害復旧費
	都市整備課	公共土木施設等災害復旧費
	まちづくり課	都市災害復旧費（堆積土砂排除事業）
	小　計	
9 月議会　補正 4 号		災害救助費（避難所運営等）等
10 月 25 日（専決）　補正 5 号		都市災害復旧費（堆積土砂排除事業）等
11 月議会　補正 6 号		都市災害復旧費（堆積土砂排除事業）等
2022 年 2 月議会　補正 9 号		災害廃棄物処理、都市災害復旧費（堆積土砂排除事業）等
2021 年度合計（2 月 15 日現在）		

注）国支は国庫支出金、県支は県支出金、分負は分担金・負担金、一般は一般財源を指している。
出所）熱海市財政室提供資料より作成。

お わ り に

　以上、コロナ禍における国と地方の財政関係にみられる特徴を整理した上で、自治体財政の現状を明らかにするために、熱海市財政を事例に検証を試

142

関連予算一覧表（一般会計）

（単位：千円）

予算額	総事業費	財　源
39,664	4千万円	県支 39,664
284,940	2.8億円	県支 278,018　一般 6,922
17,952	1千8百万円	県支 14,660　一般 3,292
120,000	1.2億円	県支 98,750　一般 21,250
4,174	4百万円	県支 4,174
46,510	4千7百万円	県支 46,510
39,910	4千万円	一般財源 39,910
311,746	3.1億円	国支 155,873　一般 155,873
17,212	1千7百万円	県支 8,606　市債 7,700　一般 906
28,099	2千8百万円	国支 18,731　市債 9,100　一般 268
59,288	6千万円	国支 29,643　市債 29,500　一般 145
969,495		国支 204,247　県支 490,382　市債 46,300　一般 228,566
276,144		国支 3,978　県支 52,516　一般 219,650
478,171		国支 208,468　県支 16,160　市債 199,000　一般 54,543
543,012		国支 195,001　県支 9,409　分負 4,180　市債 267,600　一般 66,822
595,598		国支 347,045　県支△313,512　分負 68,665　市債 180,900　一般 312,500
2,862.40	約28.6億円	国支 958,739　県支 254,955　分負 72,845　市債 693,800　一般 882,081

みた。政府による経済総合対策における事業規模は73.6兆円であり、財政支出は国・地方あわせて40兆円規模にものぼったが、地方自治体に対しては、新型コロナ地方創生臨時交付金が創設され、新型コロナ感染症対策はこの交付金を中心に展開していくことになった。交付金は内閣府が管轄し、それまで進められてきた「地方創生」政策の延長線上に位置づけられた。新型コロ

表 5-3-4　熱海市における市債残高（2021 年度末現在）

	金　額	構成比（%）
普通債	89 億 199 万円	53.2
災害復旧債	1 億 273 万円	0.6
減税補てん債	8,763 万円	0.5
臨時財政対策債	71 億 1,746 万円	42.4
退職手当債	3 億 3,970 万円	2
行政改革推進債	4,585 万円	0.3
減収補てん債	3,824 万円	0.2
初島漁業集落排水処理事業債	1 億 2,768 万円	0.8
合　計	167 億 6,128 万円	100

出所）熱海市財政室資料より作成。

ナ地方創生臨時交付金は、新型コロナウイルス感染症の拡大防止、人流抑制等の影響を受ける方々への支援、未来社会を切り拓く「新しい資本主義」の起動のいずれかに該当する事業で、新型コロナウイルス感染症への対応として実施される事業が交付対象とすることとなり、総額にして、予備費 4 兆円を合わせると 15 兆円規模となった。それは地方交付税総額にも匹敵するほどの額であったが、一方では、地方交付税に関しては、その見直しによって、成果主義がより一層強められたのである。

　温泉観光都市である熱海市では、コロナ禍のもとで観光客が半減し、税収は 6% 程度落ち込んだ。それに代わって臨時交付金が次々に充当され、2020年度だけで 11 回も補正予算が組まれ、その対応が行われた。しかも、第二期まち・ひと・しごと地方創生総合戦略による諸政策が進められ、KPI による成果などが交付税算定にも反映される仕組みが作られていたのである。

　コロナ禍の影響を受けた 2020 年度熱海市決算によれば、交付税算定における「地域の元気」の評価においてマイナス査定となっている。コロナ禍において、度重なる緊急事態宣言などに対する対応を迫られ、観光客が激減し、地域の基幹産業である観光業が低迷するといった状況下で、経済財政諮問会

議が示した行程表に沿った形で、交付税の見直しが実施されたことは、政策上、失敗であったといえるのではないか。医療や国民の暮らしよりも成果主義にもとづく「地方創生」が優先されたともいえる展開でもあった。

　さらに追い打ちをかけたのが 2021 年 7 月に発生した伊豆山土石流災害である。死者・行方不明者合わせて 28 名の人的被害、181 世帯、132 棟の物的被害がもたらされ、ピーク時には 600 人近い住民が避難を余儀なくされたが、補正予算により、いち早くホテルに避難する措置が講じられた。最大 3 カ月以上もホテル滞在となった被災者もあったが、被災者受け入れを表明したホテルは 11 にのぼる。1 棟まるごと借り上げた時期もあったという。ホテルの部屋ごとに家族が滞在できるような措置も講じられた。もちろん、コロナ禍において観光客が激減していたことも関係しているが、こうした取り組みは、災害対応における熱海モデルとして、評価できるのではないかと思われる。

　熱海市は、平成の大合併期に、単独自治体として存続した。筆者は、前述のように、東日本大震災において、7 市町村による広域的な合併を経験した宮城県石巻市の事例検証を行ってきたが、復旧・復興過程での地域内格差などの弊害も大きいことが明らかとなった。熱海市が、災害時において、弾力的な対応ができたのも、合併しなかったことが幸いしていると考えられる。熱海市復興計画は策定中であるが、今後、住民主体の観光まちづくりへのステップとなり得るのか、今後の動きが注目される。

第6章

鉄道高架事業による巨大開発と自治体財政
——静岡県沼津市の事例検証——

　本章は、静岡県沼津市で実施されている鉄道高架事業を事例に、大規模公共事業と自治体財政の関係を明らかにすることを目的としている[1]。かつては日本の自治体財政の構造は土建国家型の特徴を有していたが、近年では少子高齢社会への転換とも相まって、その構造は大きく変化しつつある。しかしながら、「選択と集中」という政府の方針の下で事業規模が巨大化し、地方債の累積によって自治体財政が逼迫する傾向も続いており、旧態依然たる環境破壊型・資源浪費型の事業、事例も少なからず存在している。

　その一つの事例が、総事業費約 1,995 億円（2021 年現在）にのぼる沼津市鉄道高架事業である。遺跡を開発区域とするなど、歴史や文化を保全しつつ、環境にやさしい SDGs によるまちづくりの観点からも見直さなければならない課題であり、いま改めて、論点を整理する必要があろう[2]。

　旧態依然たる土建国家型の財政構造をもたらしている要因は複数存在するが、本章では主として国と地方の財政関係に着目しながら、市財政の分析を通して、財政上の問題点を明らかにするとともに、ゼミの学生とともに実施した市民アンケート分析結果による考察も加えつつ、サステナブルなまちづ

---

1)　2009 年時点での沼津市財政分析については、川瀬憲子（2011b）『「分権改革」と地方財政—住民自治と福祉社会の展望』自治体研究社参照。本章ではコロナ禍における 2022 年度現在までの分析を行った。

2)　社会資本論については、宮本憲一（1967）『社会資本論』有斐閣が最も理論的に整理された先駆的な先行研究である。社会資本論に関する最近の議論については、森裕之・諸富徹・川勝健志編（2020）『現代社会資本論』有斐閣等参照。浜松駅周辺の再開発事業に関しては、拙稿（1995）「地方中核都市における再開発事業と財政構造の変容」田中克志・小桜義明編『地方中核都市の街づくりと政策』信山社参照。

くりの方向性についても論じることにしたい。

第1節　沼津市の地域経済と鉄道高架事業の展開

1　沼津市の地域経済とまちづくりの課題

　沼津市は静岡県東部に位置する工業都市であり、1960年代初頭に内陸型の三島市・沼津市・清水町にまたがる石油化学コンビナート誘致をめぐって、全国に先駆けて学習型の住民運動を展開した自治体として注目されてきた。[4]当時の政府が進める石油化学コンビナートの指定を阻止して独自の地域政策を実施しており、グランドワークによる水環境保全に着目した地域づくりを実施している三島市とともに、静岡県東部の中心的な役割を持つ自治体である。

　沼津市の人口は19万1,256人（2021年12月末現在、住民基本台帳人口）であり、5年ごとの国勢調査人口でみた人口動態では、1995年をピークに減少傾向にある。[5]全国的にみても人口減少時代に入っており、高度成長期やバブル期のような右肩上がりの人口増を前提とするのではなく、成熟都市として位置づけて量的側面よりもむしろ質的側面に着目した豊かな地域づくりが求められているといってよい。

　しかしながら、地域経済の相対的衰退を克服するための処方箋として、静岡県と沼津市では駅周辺の渋滞緩和を大義名分として、長期にわたる大規模開発による鉄道高架事業とそれに伴う駅周辺の整備計画を実施している。たしかに、沼津駅前商店街はかつての集客力を失いつつあり、駅周辺の大型店の撤退などが相次いだ上に、2020年からは新型コロナウイルスによるいわゆる「コロナ禍」の影響を受けてさらに衰退が加速化している。その意味では、駅周辺のかつての賑わい創出に向けた行政、地元事業者、市民の連携による

　3）　2021年度にゼミの学生とともに、沼津市民を対象にした「コロナ禍における移動と地域医療に関する市民意識調査」を実施した。本章ではコロナ禍の移動についての分析のみ紹介し、地域医療については別稿にて取り上げることにしたい。

　4）　宮本憲一編（1979）『沼津住民運動の歩み』日本放送出版協会参照。

　5）　沼津市（2022）「住民基本台帳人口」参照。

取り組みは重要な課題であるといえる。

　今後10年以上もの歳月をかけて、巨額の公的資金を投入する鉄道高架事業と駅周辺の整備事業が、商店街を含むまちの再生につながっていくのかといった点に関して、さらに詳細な検討が必要である。そこで、以下では、鉄道高架事業の経緯について整理した上で、市財政の分析に入ることにしたい。

2　沼津市鉄道高架事業の経緯

　沼津市において鉄道高架事業に関する議論が始まったのは、1985年に沼津市都心地区総合整備計画調査委員会が設置されてからのことである。[6]　1988年には沼津の地元経済界による「沼津駅の高架化を実現する市民の会」が県知事に陳情、1991年には沼津市による基本構想の策定に着手することとなり、それから3年後の1994年に鉄道高架化調査の国庫補助が採択されることとなった。鉄道高架化に伴って、沼津駅周辺土地区画整理事業や国道414号線など11路線道路の都市計画が同時に決定されたのである。

　当時の国庫補助金の基準は「3カ所以上で鉄道と道路を立体交差させ、連続する複数の踏切を同時に解消する」ことが条件とされた。こうした補助金採択のための基準によって事業計画が巨大化していくこととなる。

　2002年になってようやく都市計画案の説明会が開催された。市が提案した都市計画案に対して、市民による橋上駅案も提示され、後者は前者に比べると工期も予算も5分の1程度となるというものであった。こうした市民提案が提示されたにもかかわらず、事業規模の見直しがなされることなく、2003年には、鉄道高架等の都市計画決定と連続立体交差事業が採択され、新車両基地設置を含む鉄道高架事業も認可された。2004年にはさらに新貨物駅設置を含む鉄道高架事業も認可されることとなった。

　こうしたなかで、2005年には住民条例制定を求める署名が5万5,758筆も集まり、市議会に提出されたが、市議会で否決された。

---

6)　沼津鉄道高架事業の経緯については、川瀬憲子（2011b）『「分権改革」と地方財政―住民自治と福祉社会の展望』自治体研究社、沼津市資料等参照。

3　鉄道高架事業計画と沼津駅周辺整備事業

　鉄道高架事業による連続立体交差事業の概要についてみると、事業区間にして、JR 東海道線約 4.1 キロメートルと JR 御殿場線約 1.8 キロメートルにまたがる区間である。高架区間は、JR 東海道線 3.7 キロメートルと JR 御殿場線約 1.6 キロメートルにまたがるが、鉄道高架化に伴って、移設される鉄道施設は、新車両基地と新貨物駅であり、新車両基地の移転先となっている方浜地区や新貨物駅移転先となっている原西地区はいずれも埋蔵文化財が発掘されており、原西地区には中原遺跡がある。

　高架本体、新車両基地、新貨物駅工事費を含めた事業費は、現在公表されている数値では 787 億円である（図 6-1-1）。高架本体の財源内訳をみると、国 48%（378 億円）、県 24%（190 億円）、市 24%（190 億円）、その他 4%（29 億円）となっており、事業期間は 2003 年から 2035 年である（2021 年現在）。2021 年 2 月には行政代執行により、土地の強制収用が実施され、貨物駅の用地取得が完了している。2022 年 1 月現在、静岡県が示した予定では、2022 年から 2024 年度に貨物駅の移転整備、2023 年から 2026 年に車両基地の移転整備、高架本体の整備事業は 2025 年から 2034 年、高架橋の使用開始はさらに

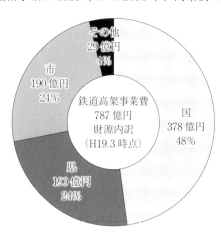

図 6-1-1　沼津鉄道高架事業本体事業費の財源内訳（2017 年現在）
出所）静岡県資料（2017 年 9 月 3 日現在）。

その後となるとされる。

　静岡県の事業再評価調書によると、事業の進捗率は事業費ベースで 6.0％、高架本体の用地取得率は 87.1％（2021 年度末見込み）だが、現時点では、埋蔵文化財の調査などが行われている状況にある[7]。また、沼津鉄道高架事業には高架本体事業のみならず、駅周辺整備事業が含まれている。その一覧表をみると、総事業費は約 1,995 億円であり、鉄道高架事業約 787 億円（事業主体は県、執行率 6.0％）、鉄道高架関連事業約 445 億円（事業主体は市、執行率 43.1％）、土地区画整理事業約 294 億円（事業主体は市、執行率 27.9％）、特定再開発事業約 157 億円（事業主体は都市機構、100％）、市街地再開発事業約 131 億円（事業主体は市、100％）、駅北拠点開発事業約約 86 億円（事業主体は県、100％）、同事業約 95 億円（事業主体は市、100％）となっており、総事業費でみた事業費ベースでは執行率は 39.6％ である（表6-1-1）。

　市街地再開発事業や駅北拠点開発事業において、すでに会議施設やイベント施設などは完成しているが、沼津市財政からかなりの財源が要される鉄道高架事業本体とその関連事業の多くが残されているということは重要な論点であるといえる。

　しかも、区画整理対象地区においては、車両基地と貨物基地移転に伴う区画整理事業が本格化する。沼津市による地元地権者への説明資料によると、減歩率が平均 25％ となるが、JR 東海の鉄道敷地がまったく減歩されないことから、平均すると対象区域の住民の減歩率は 4 割にもなるという[8]。計画の変更に伴い、27 メートル道路や地下道も計画されるなど、住民不在の地域づくりが行われようとしており、住民参加型のアメニティのある地域づくりに向けた取り組みが求められる[9]。次節では、沼津市財政にどのような影響が及ぼされるのかを検証することにしよう。

　7)　静岡県（2021）「沼津鉄道高架事業」参照。
　8)　区画整理事業対象区域の富士見地区町内会へのヒアリング調査による。
　9)　「富士見町区画整理で再度質問　内容や市の対応に不信感」『沼津朝日新聞』2022 年 4 月 6 日付。

表 6-1-1　沼津駅

事業名	事業内容	事業主体
鉄 道 高 架 事 業	都市交通の円滑化や南北市街地の一体化などを目的として、沼津駅付近のJR東海道本線を約3.7km、JR御殿場線を約1.6km高架化し、13箇所の踏切を除却する。	県
鉄道高架関連事業	鉄道高架事業に必要となる用地取得や緑地整備、駅周辺の幹線道路や鉄道と交差する道路・歩行者通路の整備等を行う。	市
土地区画整理事業	鉄道の高架化により発生する鉄道跡地を活用して道路、水路、公園等の公共施設の整備改善と宅地の利用増進を図る。	市
特定再開発事業	沼津駅北地区において、土地区画整理事業による公共施設や居住環境の整備改善と、都市の魅力づくりの新たな核となる拠点施設の導入を目的とした都市機能更新事業を実施する。	都市機構
市街地再開発事業	中心市街地活性化のための核的施設「イ〜ラ de」の建設と、南口駅前広場の拡張整備を行った。（2018.3 完成）	市
駅北拠点開発事業	沼津駅北口の旧国鉄沼津機関区跡地を活用し、県東部において広域的な交流機能を高めるための中核的機能・施設として、会議場施設及び展示イベント施設を整備した。（県：2014.7 完成、市：2013.6 完成）	県
		市
合　　計		

注）1）2020 年度まで事業費は、2021 年 3 月 31 日を基準として算出している。
　　2）民間企業による事業費は計上していない。
　　3）各事業費は各々の事業主体の算出による。
出所）沼津市（2022）「沼津駅周辺整備事業の概要」。

第2節　沼津市財政構造の分析

1　沼津市予算の特徴
——コロナ禍での土木費突出型予算——

　沼津市における 2021 年度の予算の特徴からみておこう（表6-2-1）。歳出合計は約 711 億円だが、昨年度に比べると 9 億 6,000 万円マイナス予算であ

周辺整備事業の概要

全体事業費 [A]	2020 まで事業費 [B]	うち市費	2021 以降事業費	うち市費	2020 末執行率 [B]/[A]＊100
約 787 億円	約 47 億円	約 11 億円	約 740 億円	約 161 億円	6.0%
約 445 億円	約 192 億円	約 155 億円	約 253 億円	約 121 億円	43.1%
約 294 億円	約 82 億円	約 44 億円	約 212 億円	約 81 億円	27.9%
約 157 億円	約 157 億円	約 30 億円	—	—	100.0%
約 131 億円	約 131 億円	約 39 億円	—	—	100.0%
約 86 億円	約 86 億円	—	—	—	100.0%
約 95 億円	約 95 億円	約 76 億円	—	—	100.0%
約 1,995 億円	約 790 億円	約 335 億円	約 1,205 億円	約 364 億円	39.6%

る。市税は 44.7%、市税を含む自主財源は 53.4% であり、比較的財政力指[10]
数は高いが、コロナ禍の影響を受けて、市税収入はマイナス 8.4% になると
見込まれている。国庫支出金、県支出金ともにマイナスとなっており、繰入
金や諸収入の増加率の高さから、財政調整基金を含む基金の取り崩しなどで
不足分を補てんするといった状況にあることが一目瞭然である。

　目的別歳出予算の内訳をみると、最も高いのが民生費で約 4 割を占めてい
る。民生費に次いで割合が高いのが土木費であり、全体の 14.5% を占めてい

10)　沼津市財政課資料参照。

表 6-2-1　沼津市予算（2021 年度）

		2021（令和3）年度		前年度との比較	
		予算額（千円）	構成比（%）	増減額（千円）	増減率（%）
自主財源	市税	31,800,000	44.7	△2,900,000	△8.4
	分担金及び負担金	544,550	0.8	△48,220	△8.1
	使用料及び手数料	1,191,884	1.7	△92,927	△7.2
	繰入金	1,216,655	1.7	208,259	20.7
	諸収入	1,933,359	2.7	702,942	57.1
	その他	1,250,518	1.8	△61,761	△4.7
	計	37,936,966	53.4	△2,191,707	△5.5
依存財源	地方消費税交付金	4,800,000	6.7	400,000	9.1
	地方交付税	2,500,000	3.5	300,000	13.6
	国庫支出金	12,178,453	17.1	△97,232	△0.8
	県支出金	5,607,081	7.9	△76,861	△1.4
	市債	5,049,200	7.1	△674,200	△11.8
	その他	3,028,300	4.3	1,380,000	83.7
	計	33,163,034	46.6	1,231,707	3.9
歳入合計		71,100,000	100	△960,000	△1.3

	2021（令和3）年度		前年度との比較	
	予算額（千円）	構成比（%）	増減額（千円）	増減率（%）
議会費	461,199	0.7	△15,434	△3.2
総務費	6,474,383	9.1	502,457	8.4
民生費	28,459,941	40	161,344	0.6
衛生費	7,051,909	9.9	113,894	1.6
労働費	98,851	0.1	6,432	7
農林水産業費	823,727	1.2	11,084	1.4
商工費	1,261,053	1.8	△193,323	△13.3
土木費	10,279,074	14.5	△1,170,086	△10.2
消防費	2,696,524	3.8	△90,775	△3.3
教育費	6,328,746	8.9	△220,463	△3.4
災害復旧費	40	0	0	0
公債費	7,064,553	9.9	△65,130	△0.4
予備費	100,000	0.1	0	0
歳出合計	71,100,000	100	△960,000	△1.3

出所）沼津市財政課資料。

る。他の市町村との比較でいえば、土木費の割合が概ね 10％ 程度であること
からみても、土木費突出型の予算構造と特徴付けることができる[11]。土木費に
ついては、2009 年度に市財政を分析した当時は、その割合が 20％ と異常に
突出しており、それに比べると低減傾向にあるが、相対的には依然として高
水準となっている事実が窺える。予算において、土木費に次いで大きな割合
を占めているのが公債費である。公債費は地方債の元利償還金等を指してお
り、公債費の高さは財政硬直化の原因ともなっている。

それに対して、教育費は 2009 年度予算では一般会計に占める割合が 13％
もあったが、8.9％ にまで低下しており、少子化の影響があるとはいえ、そ
れ以上に抑制されていると考えられる。他の市町村では教育費の割合は現時
点でも 13％ 程度であることからみても、異常に低い構成比である。また、商
工費の割合が極端に低いことも特徴的である。

コロナ禍での自治体の役割が大きくなる中で、鉄道高架事業を含む土木費
を捻出するためどのような他の経費に影響が出ているのか、特に行政サービ
スへの影響については、全国的な動向との比較を通じて、さらに詳細な分析
を行う必要がある。以下では、沼津市一般会計の経費構造と歳入構造それぞ
れの決算分析を通じて、特徴と問題点をみておこう。

2　歳出構造の分析

図 6 - 2 - 1 は、沼津市一般会計性質別決算の推移を示したものである。総
務省のデータベースから 1989 年度から 2018 年度までのデータ処理を行い、
2019 年度と 2020 年度決算については「決算カード」からそれぞれ手作業で
データを入力した。

性質別歳出は大きく義務的経費と投資的経費に分かれるが、義務的経費は
職員給等の人件費のほか、生活保護費等の扶助費及び地方債の元利償還金等
の公債費、投資的経費は、道路、橋りょう、公園、公営住宅、学校の建設等
に要する普通建設事業費のほか、災害復旧事業費及び失業対策事業費から構
成される[12]。2020 年度決算では、周知の通り、当年度に 1 人あたり 10 万円の

11)　総務省「地方財政関係資料」、総務省『地方財政白書』各年度版等参照。

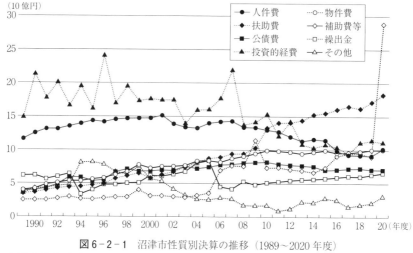

図6-2-1 沼津市性質別決算の推移（1989～2020年度）
出所）沼津市「決算カード」各年度版及び政府の統計窓口（e-stat）より作成。

定額給付金が支給されたが、性質別分類では補助費等に入っているため、突出した数値になっていることを予めお断りしておきたい。

　まず義務的経費のうち人件費については、2000年代までは増加傾向にあったが、それ以降は年々減少傾向にあり、それに代わって増えているのが物件費である。正規職員が削減され、非正規職員が増えたことから、統計上、人件費の減少と物件費の増加に表れている。つまり、人件費を抑制するために、職員数の見直しが行われ、指定管理者制度の適用、民間委託、アウトソーシング等によって人件費から委託料等を含む物件費へのシフトも行われており、人件費と物件費と合わせて考察する必要がある。2020年度決算では、物件費は人件費に迫る勢いで増加しており、1989年度からの推移をみると3倍近くにもなっている。

　また、扶助費については、少子高齢化の進展、格差社会の定着、相対的貧困率の拡大とともに、増加傾向にある。子ども手当の増額や、2019年の消費税増税後に導入された幼児教育・保育の無償化に伴う児童福祉費の増加等、国による新たな制度導入による影響も大きく、全国的な動向とも合致した形

12)　総務省（2022）「地方財政関係資料」参照。

になっている。

　公債費については、人件費、扶助費とともに、財政硬直化の原因とされてきた費目である。投資的経費の高さは財政にゆとりがあると見なされ、国庫支出金や交付税措置等により投資的経費の増加を誘引するような政策が行われてきた。1990年代から2002年度までの地域整備事業債、1999年度から2005年度までの合併特例債による交付税事業費補正等、交付税措置による影響も大きく、それらが交付税とリンクする形で運用された経緯がある。沼津市の場合、合併特例債はそれほど大きな比重を占めていないが、いずれにしても、国による財政誘導による影響も考えておく必要がある。

　しかしながら、投資的経費の高水準の推移は、地方債の増発を伴う公共土木事業を実施することから公債費の増加につながり、それが却って財政硬直化ひいては財政危機を招く可能性があることも指摘しておかなければならない。なお、公債費には、建設地方債に係る元利償還額のみならず、臨時財政対策債元利償還額が含まれており、近年の動向として、臨時財政対策債の増加が挙げられる。前者が減少傾向にあるのに対して、後者は増加傾向にある。

　総務省によれば、公債費は、義務的経費の中でも特に弾力性に乏しい経費であるとされ、財政弾力性を図る基準とされている。その公債費に係る自治体の負担の度合いを判断するための指標が、実質公債費比率及び公債費負担比率である。実質公債費比率は、標準財政規模（普通交付税の算定において基準財政需要額に算入された公債費等を除く。）に対する、一般会計等が負担する元利償還金及び公営企業債の償還に対する繰出金などの元利償還金に準ずるもの（充当された特定財源及び普通交付税の算定において基準財政需要額に算入された公債費等を除く。）の割合であり、「地方公共団体の財政の健全化に関する法律」（2007年法律第94号。）において、財政の早期健全化等の必要性を判断する健全化判断比率の一つとして位置付けられている[13]。

　実質的公債費比率や公債費負担比率については、その算定において、「充当された特定財源」や「交付税の算定における基準財政需要額に算入された公債費等」を除いて計算されているため、わかりにくい基準である。いずれに

13)　総務省「地方財政関係資料」参照。

しても、建設地方債は投資的経費と連動していることに注意しなければならない。

次に、投資的経費の推移をみると、1990年代から2000年代は他の費目に比べて高水準で推移しており、それ以降はやや減少しているものの、他の経費に比べて比較的高い水準で推移していることが窺える。1990年代から2000年代半ばの時期は、日米構造協議による内需拡大のために10年間で430兆円の公共投資が進められ、バブル崩壊後には景気対策としてさらに200兆円が上乗せされたことによって、2000年代半ばまでの10年間で630兆円の公共投資が実施された時期にあたる。景気対策の受け皿として地方単独事業が推進され、全国的にも多くの公共事業が実施された。

沼津市において、2000年代半ばまで投資的経費が高水準で推移しているのはこうした背景による。問題は、2000年代半ば以降も、構成比にして、比較的高い水準で推移していることにある。しかも、2010年代後半には増加傾向に転じていることは、国策である防災・減災、国土強靱化のための3カ年緊急対策に基づく補助事業及び学校の緊急重点安全確保対策事業の増加等による影響もあるが、沼津市の場合には、前節で考察した沼津駅周辺整備事業との関連が大きいとみてよい。

次に、目的別決算の推移についてみてみよう。図6-2-2は、沼津市の総務費、民生費、衛生費、農林水産業費、商工費、土木費、消防費、教育費の推移についてみたものである。ただし、公債費については性質別歳出にて分析したため、ここでは割愛した。[14]

民生費については、児童福祉、高齢者福祉、障害者福祉、生活保護を主な内容としており、児童、高齢者、障害者等のための福祉施設の整備及び運営、生活保護の実施等の施策に充当される経費である。沼津市においては、2007年度以降、経費の中で最も高い比重を占めている。性質別歳出でもみたとおり、貧困化に伴う生活保護の増加、子ども手当や幼児教育・保育の無償化に伴う児童福祉費の増加等、全国的な動向や国の政策と連動して増加している

---

14) 目的別経費は、その行政目的によって、議会費、総務費、民生費、衛生費、労働費、農林水産業費、商工費、土木費、消防費、警察費、教育費、災害復旧費、公債費等に大別される。

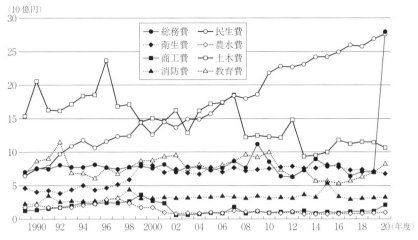

（10億円）

図6-2-2　沼津市目的別歳出決算の推移（1989〜2020年度）

出所）図6-2-1に同じ。

経費である。

　鉄道高架関連事業と関係の深い費目が土木費である。土木費は2007年頃までは最も高い水準で推移しており、それ以降も民生費に次ぐ水準で推移している。2009年に財政分析した当時、土木費は137億4,000万円（構成比20％）、増加率にして12.4％増となっており、新貨物駅用地を中心とする用地取得費用など鉄道高架関連事業として20億円が計上されるなど、この当時からすでに鉄道高架関連事業に多額の財源を投入していたのである。

　教育費については、土木費に比べるとその比重はかなり小さい。教育施設の耐震工事などの予算が計上されてきた時期もあるが、特に、2012年度から2017年度にかけての時期は、民生費、土木費、衛生費、総務費よりも低くなっている年度があり、公債費を考慮すれば主要費目のいずれよりも低い支出に抑えられている事実が窺える。

3　歳入構造の分析

　これまで経費構造についてみてきたが、次に歳入構造についてみておこう。図6-2-3は沼津市一般会計歳入決算の推移を示したものである。まず地方

(百万円)

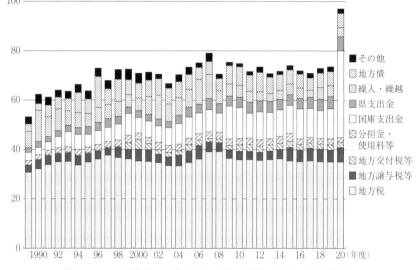

凡例：
- その他
- 地方債
- 繰入・繰越
- 県支出金
- 国庫支出金
- 分担金・使用料等
- 地方交付税等
- 地方譲与税等
- 地方税

図 6 - 2 - 3　沼津市一般会計歳入決算の推移（1989～2020 年度）

出所）図 6 - 2 - 1 に同じ。

税については、2000 年代後半以降、減少傾向にあることが窺える。2006 年度には「三位一体改革」によって 3 兆円の所得税から住民税への税源移譲が実施されたことから、地方税、特に個人住民税収入が増加したが、その後は徐々に減少している。自主財源比率も年々減少傾向を示しており、2009 年度には 66% であったが、2021 年度には 53% にまで低下している。逆に増えているのが国庫支出金や県支出金などの依存財源である。

　また地方債については、表 6 - 2 - 2 に示されるとおり、2014 年度から 2019 年度の間の発行総額は毎年 1,200 億円から 1,300 億円の間で推移しており、一般会計が 56%、特別会計・企業会計が 44% となっている。一般会計とほぼ匹敵する水準の企業債が発行されていることが窺える。　般会計では土木債が 20% と最も高いシェアを占めており、臨時財政対策債も 20% と土木債とほぼ同じ額である。これに対して、教育債などは 7% 程度で非常に低い額しか発行されていない。企業会計では下水道事業債が 32%、水道事業債が 10%、病院事業債が 2% 程度となっている。鉄道高架事業との関係でいえば、2000

年代に土地取得事業特別会計において年間 10 億円程度の市債が発行されていたが、現在では一般会計における土木債約 250 億円のみとなっている。土木債の大半が、駅周辺開発事業に充てられているとすれば、本来、教育施設や福祉施設など、市民生活に不可欠な教育・福祉施設の整備に充てられる財源が制約されているとみることもできる。

　そもそも地方債とは、地方自治体が財政上必要とする資金を政府資金や市中銀行など外部から調達することによって負担する債務であり、その履行が一会計年度を超えて行われるものをいうが、地方債は原則として、公営企業の経費や建設事業費の財源を調達する場合など、地方財政法第 5 条各号に掲げる場合においてのみ発行できることとなっている。いわゆる公営企業債と建設地方債である。

　ただし、その例外として、地方財政計画上の通常収支の不足を補填するために発行される地方債、すなわち、赤字地方債である臨時財政対策債が 2001 年度以降発行されており、3 年間の臨時的な措置が常態化している。本来ならば、地方交付税として財源保障すべき金額の一部を地方自治体に対して臨時財政対策債を発行させることによって補填し、その元利償還金相当額を、後年度の普通交付税の基準財政需要額に算入するという仕組みとなっている。各年度の基準財政需要額に算入される元利償還金の額については、国が定めた全国一律の償還モデルに基づいて算定されることになっているが、発行額を補償するものではない。2001 年度に創設された当初は 3 カ年の臨時措置として導入されたが延長され、現在に至っている。[15]

　臨時財政対策債がいつまで存続されるのかについては未決定のままであり、その行方は、以下に掲げる市の財政長期試算にも大きな影響を及ぼすことになる。

---

15)　2021 年度の臨時財政対策債を償還するための基金の積立てに要する経費を算定するため、基準財政需要額の臨時費目として、「臨時財政対策債償還基金費」が創設された。2021 年度末に再交付が行われている。

表 6-2-2　沼津市における

区　分	2014 年度		2015 年度		2016
	金　額	構成比(%)	金　額	構成比(%)	金　額
目的別総額	130,790,057	100	128,983,789	100	127,303,944
一般会計	73,005,798	55.8	72,519,327	56.2	71,821,445
総務債	2,713,518	2.1	2,642,598	2.1	2,550,075
民生債	1,819,722	1.4	1,588,245	1.2	1,463,598
衛生債	1,168,996	0.9	947,669	0.7	736,675
農林水産業債	1,291,220	1	1,279,281	1	1,338,735
商工債	95,665	0.1	81,818	0.1	63,953
土木債	25,111,837	19.2	24,401,959	18.9	24,739,795
消防債	2,009,614	1.5	2,585,970	2	2,817,333
教育債	9,585,316	7.3	9,208,330	7.1	8,808,394
災害復旧債	21,830	0	6,500	0	6,500
減税補填債	2,236,548	1.7	1,930,250	1.5	1,617,489
臨時税収補填債	283,316	0.2	190,452	0.2	95,718
臨時財政対策債	24,230,018	18.5	24,894,452	19.3	25,072,885
退職手当債	2,438,198	1.9	2,761,803	2.1	2,510,295
特別会計	—	—	—	—	—
簡易水道事業	—	—	—	—	—
企業会計	57,784,259	44.2	56,464,462	43.8	55,482,499
水道事業	11,430,912	8.7	11,440,504	8.9	11,623,866
病院事業	4,118,442	3.2	3,574,981	2.8	3,260,880
下水道事業	42,234,905	32.3	41,448,977	32.1	40,597,753

出所）沼津市（2021）『沼津市統計書（令和 2 年版）』より作成。

4　市による財政長期試算

　沼津市は、超長期の人口ビジョンである「沼津市まち・ひと・しごと創生人口ビジョン」や 30 年間にわたる公共施設の管理に関する「沼津市公共施設マネジメント計画」を策定しており、沼津駅周辺総合整備事業、新市民体育館建設を含む香陵公園周辺整備事業や中間処理施設整備事業も予定されてい

市債の推移（2014～2019 年度）

（単位：千円）

年度	2017 年度		2018 年度		2019 度	
構成比(%)	金　額	構成比(%)	金　額	構成比(%)	金　額	構成比(%)
100	124,534,213	100	122,957,174	100	121,454,769	100
56.4	70,194,252	56.4	69,337,165	56.4	68,469,503	56.4
2	2,514,416	2	2,691,422	2.2	2,614,247	2.2
1.1	1,364,589	1.1	1,277,105	1	1,175,163	1
0.6	599,002	0.5	521,367	0.4	467,585	0.4
1.1	1,383,386	1.1	1,447,536	1.2	1,596,583	1.3
0	55,034	0.1	42,259	0	32,876	0
19.4	24,646,581	19.8	24,946,226	20.3	25,127,408	20.7
2.2	2,609,815	2.1	2,419,670	2	2,192,443	1.8
6.9	8,346,975	6.7	8,261,002	6.7	8,634,400	7.1
0	6,500	0	5,690	0	4,880	0
1.3	1,300,750	1	980,862	0.8	754,866	0.6
0.1	—	—	—	—	—	—
19.7	25,171,777	20.2	24,927,631	20.3	24,433,589	20.1
2	2,195,427	1.8	1,816,395	1.5	1,435,463	1.2
—	—	—	—	—	27,300	0
—	—	—	—	—	27,300	0
43.6	54,339,961	43.6	53,620,009	43.6	52,957,966	43.6
9.1	11,704,492	9.4	11,691,230	9.5	11,913,860	9.8
2.6	2,904,340	2.3	3,078,176	2.5	2,827,725	2.3
31.9	39,731,129	31.9	38,850,603	31.6	38,216,381	31.5

るとして、長期にわたり財政運営に影響を与える大規模事業が本格化するに
あたって、30 年間にわたる財政状況の試算を行っている。以下、試算の内容
と問題点を整理しておきたい。

　その前提とされているのが、以下の 5 点である[16]。すなわち、①沼津駅周辺
総合整備事業の事業期間が今後 20 年間を予定していること、その財源である

16)　沼津市財政課資料。

市債償還のピークを盛り込むため、試算の期間を 30 年としていること、②
人口減少の影響を「沼津市まち・ひと・しごと創生人口ビジョン」に基づき、
人口減少率を 30 年間で ▲17.6% 1 年あたり平均 ▲0.58% と見込んでいるこ
と、③「沼津市公共施設マネジメント計画」に基づき、公共建築物の総量を
30 年間で ▲17.5% と見込んでいること、④国の制度に基づく社会保障制度
や臨時財政対策債の元利償還分は全て地方交付税に算入されると見込んでい
ること、⑤歳入・歳出ともに、経済成長率の見込みは用いず、2017 年度の決
算見込みを基礎としていることとした前提条件での試算である。

　人口減少率や経済成長率などについては、改めて精査する必要があるが、臨
時財政対策債については、前述の通り、交付税の基準財政需要額に算入され
る元利償還金の額については、全国一律の国が定めたモデルに基づいて算定
されるため、金額が補償されるものでないことは指摘しておかなければなら
ない点の一つである。

　人口については、人口ビジョンに基づいて、2015 年 19 万 4,971 人から 2045
年 16 万 0,680 人に減少、変動率 ▲17.6% 1 年あたり平均 ▲0.58 とされてい
る。公共建築物（学校や市営住宅など）は、人口減少を考慮すると総延床面
積換算で現在の 80～85% 程度（15～20% 程度削減）を最適な量と判断され、
インフラ施設（道路や橋梁など）については、都市基盤施設であるため人口
が減少しても削減はできないとされる。前者の教育施設、保育施設、市営住
宅など、市民生活に不可欠な公共建築物は、面積にして最大 2 割を削減する
ことを見込んでいることも、重要な論点が含まれていると思われる。

　個人市民税や市たばこ税、地方消費税交付金など、人口を基準とした歳入
については、人口減少の影響を反映させ、国庫支出金や県支出金、市債など
の特定財源は、年度ごとの事業量で算出し、新市民体育館の建設が完了する
2021 年度は市債の借入が増加し、歳入のピークを迎えるとされる。

　個人市民税については、人口減少の影響を毎年 ▲0.58%、また、住宅ロー
ン減税の廃止の影響を、2023 年度に 1 億 1,000 万円、法人市民税については、
2019 年 10 月から適用される法人税割の引き下げ（現行 9.7%→6.0%）の影
響として、2020 年度 ▲4 億円、2021 年度 ▲4 億円の合計 ▲8 億円としてい

る。市たばこ税については人口減少の影響として、毎年 ▲0.58％、固定資産税は評価替えの影響を平準化して、2017 年度決算見込みで定額とし、軽自動車税・都市計画税・入湯税は、2017 年度決算見込みで定額だが、総じて、税収は減収が見込まれている。2020 年度決算ではコロナ禍の影響を受けて、想定以上に税収の落ち込みがみられることから、さらに自主財源の減少が続くことが予想される。

　国庫支出金については、香陵公園周辺整備事業（2019～2021 年度）や中間処理施設整備事業（2021～2023 年度）、沼津駅周辺総合整備事業（鉄道高架事業完了、2030 年まで）の影響から、国庫支出金と県支出金が一時的に増加するほか、扶助費の増加により逓増すること、普通建設事業費に充当されるものは、それぞれの事業量に伴い増減、生活保護等に充当されるものは、扶助費の伸び率（毎年＋1.62％）で増加するとしている。

　2021 年度は新市民体育館建設の影響から、市債の借入額が大きく増加し、その後は沼津駅周辺総合整備事業の進捗に合わせ事業完了予定の 2036 年度まで借入額が変動するとされている。さらに臨時財政対策債は、試算の期間中存続するものと想定しており、合併算定替（旧戸田村との合併特例）による影響もみられる。

　地方交付税については、合併算定替の影響（2018 年度から 4 年間、毎年 1億 7,000 万円減、2022 年度は 9,000 万円減）、沼津駅周辺整備総合事業に充てられる公共事業等債の 9 分の 2 が基準財政需要額に算定されること、法人市民税の減税分は交付税措置されること、臨時財政対策債は全額基準財政需要額に算定されること、香陵公園周辺整備事業に活用される公共施設等適正管理推進事業債の交付税措置 50％ を基準財政需要額に算入されることなどが挙げられている。沼津駅周辺整備総合事業については、9 分の 2 が基準財政需要額に算入されるとはいえ、金額を補償するものではなく、あくまでも算定上にすぎないことを指摘しておかなければならない。

　各種交付金についても、地方消費税交付金は毎年 ▲0.58％、2017 年度を基準として消費税 10％ の引き上げ分については、交付税から減少するとされ、その一方では、分担金・負担金は毎年 1.62％ 増となる。

地方債については、臨時財政対策債は2017年度算定結果19億円をもとに、2021年度合併算定替終了時23.5億円（見込み）、合併算定替の影響（2018年度1億3,000万円増（2割）、2019年度1億3,000万円増（2割）、2020年度1億3,000万円増（2割）、2021年度以降6,000万円増（1割））、事業債は、沼津駅周辺総合整備事業や香陵公園周辺整備事業、中間処理施設整備事業に対して、個別計画通りに大量に発行され続け、普通建設事業費のうち、通常事業分は33億9,700万円の定額と試算されている。

　つまり、沼津駅周辺総合整備事業等の大規模事業が実施されている期間は、通常事業に匹敵するほどの地方債が発行されている年もあることが窺える。しかも、2022年度予算案では、市債収入は2021年度予算に比べて約55億円から約107億円に倍増しており、今後はさらに地方債依存が進むことが予想される。

　歳出総額では、香陵公園周辺整備事業と中間処理施設事業が重なる2021年度は歳出がピークを迎えると予想しており、職員給与及び手当（退職手当を除く）の総額を、毎年▲0.58％減、公債費は70億円から年々増え続け、そのピークは2039年度には90億円を超えると試算、財政調整基金は、2023年度の約69億円をピークに2042年度には約20億円まで減少すると試算されている。

　そのほか、扶助費の増加、国民健康保険・介護保険、後期高齢者医療保険等、特別会計操出金の増加も見込まれており、少子高齢化の進展に伴って、経費も増加の一途をたどることが予想される。

　第1の問題点は、今後も30年にわたり鉄道高架事業、沼津駅周辺総合整備事業が市財政に大きな影響を及ぼし続け、市債償還や財政調整基金の減少などを考慮すれば、財政難に陥りかねない点にある。財政調整基金については2023年度をピークに2042年度まで20年以上にもわたって減少し続ける試算になっており、今後、南海トラフ巨大地震など大規模災害が想定されることから、こうした財政運営は避けるべきである。

　第2の問題点は、鉄道高架事業や駅周辺総合整備に関わる道路を中心とした都市インフラに重点が置かれ、財政難を回避して財政健全化に資するため、

市民生活に不可欠な行政サービスや施設整備が見直される計画になっていることである。公共施設マネジメント計画による各種施設の見直しには、公共施設等適正管理推進事業債に対して50％もの交付税措置がなされるため、全国的に財政誘導によってそうした対応を行う自治体が増えている。対象となる公共施設教育、福祉などが入っており、市民生活に及ぼされる影響が大きい。したがって、こうした公共施設については、統廃合や見直し前提とするのではなく、市民参加を通じて市民の意見を反映させる形で決定すべき問題である。

　第3の問題点は、交付税措置による影響についてである。沼津駅周辺総合整備事業関連の市単独事業については、それぞれ交付税措置がなされているが、かつての地域整備事業債や合併特例債でも問題になったように、元利償還金の一部が基準財政需要額に算入されるだけで、金額が保障されるわけではない。臨時財政対策債も、後年度に全額基準財政需要額に算入される形で交付税措置がなされるが、全額保障されるとは限らないという意味では、建設地方債と同様である。交付税による財政誘導によって翻弄されながら、最終的には自治体には借金が残されることは、これまでにもたびたび生じてきた問題である。財政危機を避けるためには市民サービスを削減するか、あるいは公共料金の引き上げなどを通じた市民の負担増となる可能性が大きい。

5　鉄道高架事業の費用便益分析

　静岡大学名誉教授土居英二氏の試算によると、鉄道高架事業の費用便益分析においては、費用便益費が0.186という試算結果が出されている[17]。鉄道高架事業においては、事業の実施に必要な一定範囲の区域で土地区画整理手法を用いている。この手法を採用することで、駅周辺の都市計画道路をはじめとする道路が整備され、鉄道を横断する道路で発生する便益をも押し上げる結果となっている。既に事業計画が決定している（拠点第一地区は完了して

---

17)　土居英二（2022）「（沼津鉄道高架事業裁判）意見書」。沼津市は鉄道高架事業の費用便益分析を1,246としているが、土居氏は計算上に問題があるとして、計算結果を示されている。引用にあたってはご本人の承諾を得ている。

いるが）、区画整理事業の事業計画書から道路整備にかかる費用を抜き出し、路線別事業費との差額を算出し、関連道路整備費に追加することとし、各土地区画整理事業施行地区内の道路整備費について算定されている。

	加算すべき道路整備費
静岡東部拠点第二地区土地区画整理事業	118億7,600万円
静岡東部拠点第一地区土地区画整理事業	131億9,700万円
沼津駅南第一地区土地区画整理事業	54億6,300万円
沼津駅南第二地区土地区画整理事業	推定 98億円
（推定される事業費123億円×0.8)	
総　計	403億3,600万円

　路線別事業費に計上された連立事業費763億6,400万円のほかに、貨物駅、新車両基地の移転先周辺整備費として約94億円が沼津市の単独費として計上されており、これも加算しなければならない。したがって、総費用は、次のとおり、1,447億1,100万円となる。

　路線別事業費に掲げられた鉄道高架事業の費用総額
連立事業費	763億6,400万円
関連道路整備費	242億9,500万円
用地残存価値	△61億1,400万円
維持管理費	4億3,000万円

　新たに算定した関連道路整備費と算定額との差　403億3,600万円

移転先周辺整備費	94億円
総費用	1,447億1,100万円

　上記の総費用について、「費用の現在価値算定表」において算出している計

算方法に従い、事業費の総費用の現在価値額を求め、1,223 億 5,900 万円と算出されている。

便益額の現在価値額は 998 億 9,300 万円（2016 年度公共事業再評価調書による。）。

$$
費用便益費 \quad \frac{998\ 億\ 9,300\ 万円}{1,223\ 億\ 5,900\ 万円} = 0.816
$$

このように、費用便益費は 0.816 と算出されており、いかに便益に比べて費用が多大であるがが窺える。

以下では、沼津市民アンケートをもとに、コロナ禍における移動の変化と沼津駅周辺の道路ニーズについて分析し、今後の道路行政やまちづくりのあり方について考察することにしたい。

第 3 節　沼津市民アンケート分析

1　市民アンケートの概要

2021 年 7 月に、筆者の研究室において沼津市民を対象に「コロナ禍の中での移動と地域医療に関するアンケート」調査を実施した。[18]アンケートの実施方法は表 6 - 3 - 1 のとおり、無作為抽出により 18 歳以上の有権者 1,000 人を対象にアンケート用紙を送付し、そのうち 347 人から回答を得た（回収率は 34.7％）。本節では、もっぱらコロナ禍の移動に関する項目について分析結果をまとめることにしたい。[19]

---

18)　本アンケート調査は、静岡大学人文社会科学部経済学科地方財政論研究室（川瀬憲子研究室）にて実施した。なお、調査にあたっては沼津市選挙管理委員会から許可を得たことを予めお断りしておきたい。

19)　アンケート項目の地域医療については、地方財政論ゼミ生による共同論文（2021）「コロナ禍における地域医療」参照。

①調査名称	:「コロナ禍の中での移動と地域医療に関するアンケート」
②調査実施者	:静岡大学人文社会科学部川瀬憲子研究室
③調査対象	:沼津市在住で選挙権を有する 18 歳以上の男女（約 15 万人）
④サンプリング方法	:沼津市の選挙人名簿を用いた等間隔抽出法
	（選挙権を有する 30 人ごとに 1 人ずつ抽出）
⑤調査票の記入方法	:自記式
⑥配布と回収の方法	:郵送法
⑦回収期限	:2021 年 7 月末日
⑧配布した票数	:1,000 票
⑨回収した票数	:全回収数 347 票（回収率 34.7%）

出所）筆者作成。

2　回答者の属性

(1) 回答者の性別と年齢別構成

　アンケートに回答した方々の属性については、図 6-3-1～3 で示すとおりである。まず、性別でみると、女性 56%、男性 43%、無回答 1% となっている（図 6-3-1）。人数では、346 人中、男性 146 人、女性 189 人、無回答 11人である。

　年齢別構成では、10 代から 20 代が 7%、30 代が 7%、40 代が 13%、50 代が 18%、60 代以上が 55% となっている（図 6-3-2）。ただし、アンケートの

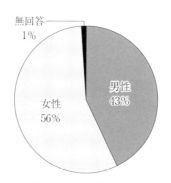

図 6-3-1　回答者の性別
出所）筆者作成。

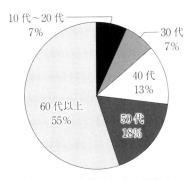

図6-3-2　回答者の年齢別構成
出所）筆者作成。

表6-3-2　回答者の年齢別構成
（単位：円）

年　代	人　数
10〜20代	25
30代	24
40代	43
50代	59
60代以上	187
無効	9
合　計	347

出所）筆者作成。

対象が有権者になっていることもあり、10代は18歳以上を指している。人数でみると、10代から20代では25人、30代24人である。また、40代43人、50代59人と現役世代からもアンケートの回答が寄せられていることが窺える（表6-3-2）。

(2)　回答者の居住地と職業

　本アンケート調査では、沼津市を10地区（大岡地区、第一・第二地区、第三・第四地区、第五地区、金岡・門池地区、片浜・今沢・愛鷹地区、原・浮島地区、静浦・大平地区、内浦・西浦地区、戸田地区）すべての有権者リストから160人に1人の割合で無作為抽出を行ったが、すべての地区から回答

表6-3-3　回答者の居住地
(単位：人)

大岡地区	50
第一・第二地区	31
第三・第四地区	51
第五地区	34
金岡・門池地区	52
片浜・今沢・愛鷹地区	59
原・浮島地区	35
静浦・大平地区	16
内浦・西浦地区	8
戸田地区	2

出所）筆者作成。

を得たことも特徴的である。戸田地区は伊豆半島に位置しており、平成の大合併期に編入となった旧戸田村である。

　表6-3-3により、回答者の人数を居住地別にみると、大岡地区50人、第一・第二地区31人、第三・第四地区51人、第五地区34人、金岡・門池地区52人、片浜・今沢・愛鷹地区59人、原・浮島地区35人、静浦・大平地区16人、内浦・西浦地区8人、戸田地区2人となっている。アンケート調査において、コロナ禍における移動や地域医療に関わる問題を取り上げるにあたっては、居住地も大きな要因の一つとなるため、すべての居住地区から回答を得たことは、市民の方々の関心の高さに加えて、筆者らの調査や行政への対応への期待の表れとも考えられる。

　回答者の職業については、図6-3-3と表6-3-4に示されるとおりである。雇用労働者（正規雇用・非正規雇用）が47%、自営業が8%と半数以上を占めており、年金生活者25%、学生3%、無職11%などとなっている。無職の中には求職中の方も含まれる。

　人数でみると回答者のうち、107人が正社員・正規職員、57人が臨時・派遣・パート・日雇い勤務である。非正規労働者の中にはフルタイムも含まれる。いずれにしても、回答者の55パーセントの方々が労働者であるというのが、今回の調査の特徴でもある。

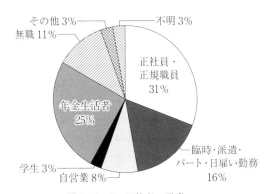

図6-3-3　回答者の職業

出所）筆者作成。

表6-3-4　回答者の職業

（単位：人）

正社員・正規職員	107
臨時・派遣・パート・日雇い勤務	57
自営業	29
学生	9
年金生活者	88
無職	38
その他	10
不明	9
合　計	347

出所）筆者作成。

　実際の人口構成を比較すると、沼津市住民基本台帳による選挙権を有する18歳以上の人口構成比は、男性49.2％、女性50.8％、年齢別人口構成比は、10～20代（18～29歳）12.6％、30代11.6％、40代16.5％、50代15.9％、60代以上43.4％となっている[20]。実際の数値に比べて、標本の方が高齢者の割合がやや高くなっているが、アンケートのテーマであるコロナ禍における移動と地域医療に対して、高齢者の方が関心を持っているためと考えられる。

　また、国勢調査による沼津市の職業別人口構成比は、正社員・正規職員32.8％、臨時・派遣・パート・日雇い勤務16.6％、自営業7.2％、学生5.1％、年

20）　沼津市（2021）『沼津市統計書（令和2年版）』参照。

金生活者 20.6%、無職 2.9%、その他 14.8% である[21]。母集団と比べると、標本は性別において女性の割合がやや高く、年齢において 10 代から 40 代の割合が低く、50 代以上の割合が高くなっている。

　また、居住地区別回答者の属性においては、大岡地区の割合がやや低く、金岡・門池地区の比率がやや高くなっており、職業区分においては、学生・その他の割合が低く、年金生活者・無職の割合が高くなっている。いずれにしても、アンケート回答者の属性において、母集団との差異はそれほど大きくなく、代表度を示していると思われる。

3　コロナ禍の外出機会の変化について

　次に、コロナ禍の移動に関するアンケート結果の分析に入ることにしよう。
　まず、「あなたは、過去 1 年間について、それまでの年と比べて、外出する機会（回数）に変化はありましたか」という設問に対する回答結果は、「減っている」83%、「変わりない」16%、「増えている」1% である（図 6-3-4）。回答者の 8 割以上が、2021 年 7 月時点において、新型コロナウイルスの影響で外出機会が減少していることが窺える。

　アンケートにおいて「減っている」と答えた人に対する「通勤や通学以外では、どのような外出の機会が減っていますか。（複数回答可）」という設問では、「趣味や旅行」が最も多く、「外食・会食」、「友人らとのつき合い」がそれに続いている。「催し物」、「買物」、「娯楽」と回答した人もいるが、「病院通い」は少なくなっている（表 6-3-5）。

　今回のアンケートでは通勤・通学での外出機会については問わなかったが、通勤・通学以外では、347 人中、「趣味や旅行」を控えている人が 211 人、「外食・会食」を控えている人が 206 人、「友人らとのつきあい」198 人と、約 6 割の人が外出機会減少の要因にそれらを挙げていることがわかる。「買物」については、食料品など生活必需品の買い物が含まれるため、上記 3 項目に比べると少なくなっているのではないかと思われる。

---

21)　沼津市（2015）「国勢調査」（2015 年 10 月 1 日実施）参照。

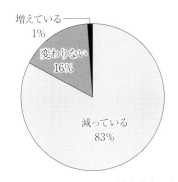

図6-3-4　コロナ下での外出機会の変化
出所）筆者作成。

表6-3-5　1年前から通勤・通学以外で
　　　　　減少した外出機会（複数回答）

（単位：人）

買物	110
外食・会食	206
催し物	137
趣味や旅行	211
友人らとのつき合い	198
娯楽	99
病院通い	14
その他	9

出所）筆者作成。

4　主な交通手段とコロナ禍の移動について

　回答者の主な交通手段については、「自家用車・バイク」72％、「バス・電車」10％、「徒歩・自転車」18％となっている。複数回答を想定していなかったが、若干名に複数回答があった。回答者の半数以上が労働者であることと関係していると思われるが、車やバイクで移動する階層が7割を超える結果となっている。逆に言えば、「バス・電車」と「徒歩・自転車」と回答した人を合わせると3割近くにもなっており、このことは、通勤や通学、買物、通院などで公共交通を必要とされる方々が一定数存在していることを示して

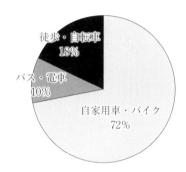

図 6-3-5 主な交通手段（複数回答あり）
出所）筆者作成。

表 6-3-6 主な交通手段

（単位：人）

自家用車・バイク	254
バス・電車	37
徒歩・自転車	62

出所）筆者作成。

図 6-3-6 PCR 検査やワクチン接種を受けるための移動に対する抵抗
出所）筆者作成。

いる（図 6-3-5 及び表 6-3-6）。

　また、「PCR 検査やワクチン接種を受けるための移動に抵抗はありますか」という設問に対しては、「まったくない」が 53%、「少し気になる」39%、「ある」8% となっており、PCR 検査やワクチン接種での移動でさえ、少し気になる、抵抗があると答えた人が半数近くにものぼっている（図 6-3-6）。

5　中心部への移動の変化について

「今年（2021年）8月にイトーヨーカドーが閉店すると、中心街には大型店がすべてなくなります。そうなった場合、あなたが市の中心部に出かける回数はどのように変化すると思いますか」という設問に対しては、「もともと中心部に行かないので回数は変わらない」47％、「大型店がなくなっても回数は変わらない」23％、「回数は減りそうだ」26％、「分からない」4％という結果となっている（図6-3-7及び表6-3-7）。

　この設問は、沼津市駅周辺では、2021年8月に大型店の撤退があり、その影響を調べたものである。中心部に行く回数が減ると答えた回答者は26％にとどまり、大型店に関わりなく中心部に移動すると回答した人は23％、もともと中心部にあまり行かない回答者が半数近くに上っていることも、興味深い。駅周辺の中心市街地におけるまちづくりや政策等を考えるうえで参考に

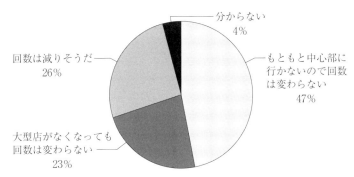

図6-3-7　中心部大型店撤退による中心部への移動の変化
出所）筆者作成。

表6-3-7　中心部大型店撤退による中心部への移動の変化
（単位：人）

もともと中心部に行かないので回数は変わらない	153
大型店がなくなっても回数は変わらない	75
回数は減りそうだ	83
分からない	12

出所）筆者作成。

なる。

6　中心部での交通渋滞と道路整備の優先度

「中心部で交通渋滞を解消したいと考える道路を挙げてください」という設問に対しては、道路整備の優先度を調べるために、3つまで回答を求めた。中には3つ以上を答えた回答者もあったが、そのまま複数回答として取りまとめることにした。

日常的な交通渋滞との関係では、「国道1号線（沼津バイパス）」、「国道414号線（旧キャッスルホテル前交差点から東へ）」、「国道414号線（旧キャッスルホテル前交差点から狩野川まで）」の3本が上位3位にランクされており、「学園通り（旧キャッスルホテル前交差点から北へ）」、「国道414号線（狩野川から南へ）」、「旧国道1号線」と続いている（表6-3-8）。アンケートから上位に挙げられている道路に関しては、交通渋滞解消のための政策が求められる箇所である。

また、「さんさん通り（沼津駅南口から港湾まで）」、「沼津インター線」、「山王通り、三枚橋・錦町線」、「永代橋通り（国道414号線から西高入口交差点まで）」などは回答が少ない路線である。

以上より、日常的な交通渋滞解消については、第1に東西方向の国道1号線、第2に大岡駅方面から西に向かう国道414号線（逆方向の通行も含まれる）、第3に旧キャッスルホテル角を左折し南へ向かう間（この逆方向の通行も含まれる）といった優先順位を示す結果となった。

駅周辺の交通量に対して、静岡県と沼津市が調査対象にしている「のぼり道」、「リコー通り」についての優先度は低い。むしろ、「国道1号線」、「国道414号線」、「根方県道」など東西方向の道路の渋滞解消が望まれていることが明らかとなった。

本節では、沼津市民アンケート調査をもとに、コロナ禍における移動の実態と課題について分析を行った。そこから得られた結論は以下の通りである。

第1に、コロナ禍においては通勤や通学以外の外出機会、とくに、趣味や旅行、外食や会食、友人とのつき合いの外出機会が減少したことである。8

表 6 - 3 - 8　中心部で交通渋滞を解消したいと考える道路（複数回答）

(単位：人)

国道 1 号線（沼津バイパス）	179
旧国道 1 号線	65
旧道（旧東海道、東は、西高入口交差点まで）	21
根方県道（東は、江原町交差点まで）	56
沼津インター線	10
学園通り（旧キャッスルホテル前交差点から北へ）	79
国道 414 号線（旧キャッスルホテル前交差点から東へ）	136
国道 414 号線（旧キャッスルホテル前交差点から狩野川まで）	114
国道 414 号線（狩野川から南へ）	77
リコー通り	43
さんさん通り（沼津駅南口から港湾まで）	8
のぼり道通り	26
山王通り、三枚橋・錦町線	15
御成橋通り（香貫大橋から西高入口交差点まで）	28
永代橋通り（国道 414 号線から西高入口交差点まで）	19

出所）筆者作成。

割以上の人が外出機会の減少と回答しているが、生活必需品など日常的な買物などは大きな変化は見られなかった。

　第 2 に、主な交通手段については、自家用車やバイクが 7 割以上をしめていることであり、徒歩や自転車が 2 割弱、電車やバスといった公共交通機関の利用は 1 割である。車社会になったとはいえ、高齢化への対応として、交通弱者のための公共交通機関は必要不可欠である。

　第 3 に、沼津駅周辺の中心市街地については、もともと中心部に出かけないと回答した住民が半数近くにものぼり、市民にとっての中心部の魅力が喪失しつつあることである。商店街を含めた中心市街地再生に向けた取り組みが求められる。

　最後に、沼津鉄道高架事業の目的でもある中心部で日常的に渋滞している道路の解消については、国道 1 号線や国道 414 号線など東西方向の道路に対する優先度が高かったが、それ以外の道路についての優先順位は低く、優先度の低い道路事業まで含まれていることが明らかとなった。13 カ所の踏切を解消して、3 カ所において立体交差をするといった大規模な公共事業につい

ては、いま一度、見直す必要がある。

　鉄道高架に伴う区画整理対象区域の一つ富士見町は、良好な住宅街が広がっている地区だが、区画整理後は幅 27 メートル道路や地下道の整備も計画されている[22]。高齢化が進む中で、道路の必要性や地下道についても、生活者の視点でのまちづくりも再考する必要があろう。交通渋滞解消策については、道路整備の優先順位を定めたうえで、財源の効率的な運用が求められているといえよう。

　また本節では地域医療についてのアンケート分析結果には触れなかったが、コロナ禍においてその需要は拡大しており、道路整備などのハード面のみならず、医療・福祉を含めたソフト面の取り組みも重要である。

お わ り に

　これまで、沼津市鉄道高架事業と駅周辺総合整備事業と市財政について、過去 30 年の決算分析と今後 30 年の市による財政予測について検討し、コロナ禍における移動に関する市民アンケート分析結果について考察してきた。今後も引き続き人口減少が続くなかで、総事業費 1,995 億円もの巨大開発が市財政にもたらす影響はあまりにも大きいといわざるを得ない。バブル期以前の 1985 年から検討が始まった事業だが、その間に少子高齢化が進行し、人口減少によって市を取り巻く情勢は大きく変化している。

　鉄道高架事業の本体工事は県主体あるが、執行率は 2021 年時点でまだ 6％程度である。それに付随する駅周辺開発事業などは大量の地方債発行を伴うため、将来にわたる市財政に及ぼす影響が大きく、すでに駅北拠点開発などが完了していることを考慮すれば、本体工事に係る前に、いま一度、今後十数年もかけて開発を続ける意義を見いだし得るのか、住民とともに再考することが必要である。

　かつて、住民投票条例制定を求める署名が 5 万 5,758 筆も集められたが、市

---

22)　区画整理について詳しくは、沼津市（2021）「東駿河湾広域都市計画事業　静岡東部拠点第二地区土地区画整理事業　事業計画書（第 1 回変更）」参照。

議会で否決された経緯がある。20年前から市民提案で橋上駅案も提起されており、工期も財源も5分の1程度ならば、選択肢に入れる余地は十分にある。環境破壊型の巨大公共事業からの脱却を図り、住民の福祉や利便性の向上と商店街の再生など、環境保全型のサステナブルな地域づくりに市の政策や財政の重点をシフトさせることこそ求められているといえよう。

---

23)　沼津市では、2005年に鉄道高架事業の是非を問う住民投票条例制定を求める署名が実施され、5万5,758筆が集められ、市に提出されたが、市議会にて否決されている。

補章

地方自治・地方財政と憲法改正をめぐる論点

　2022 年は日本国憲法施行 75 周年、地方自治法制定 75 周年という記念すべき年にあたる。2012 年に第二次安倍政権のもとで、自民党憲法草案（以下「憲法草案」と略称。）が発表されて以来、改憲をめぐる議論が盛んに行われてきたが、それは憲法の理念でもある「国民主権」、「基本的人権」、「平和主義」、さらには「地方自治」において、大幅な修正が加えられるなど、憲法の「理念」そのものが形骸化される内容となっている。それはまさに戦後憲法体制の大きな転換点を示すものといってよい。

　これまで政治、経済、社会、教育など様々な方面において、重大な改革が実施されてきた。2015 年 9 月には、集団的自衛権を容認する安保法制が成立した。憲法学者からの批判も多く、国会憲法審査会では 3 人の憲法学者が「違憲」であるとの見解を示した。しかし、2016 年 7 月の参議院選挙では、改憲を支持する勢力が 3 分の 2 となり、改憲への動きが進行してきた。「憲法草案」では、9 条第 2 章「戦争の放棄」が「安全保障」に取って代わり、現行憲法 12 条、13 条、22 条、29 条の「公共の福祉」が「公益及び公の秩序」という言葉に置き換えられている。さらには、第 8 章の地方自治に関わる条文

　1）　本章は、川瀬憲子（2017b）「地方自治・地方財政と憲法改正をめぐる論点―憲法施行 70 周年によせて」『月刊全労連』2017 年 9 月号の内容をもとにしたもので、2012 年に出された自民党による憲法草案の地方自治と地方財政について論じたものである。現在の改憲案は、①自衛隊の明記、すなわち、第 9 条の 2 において、「（第 1 項）前条の規定は、我が国の平和と独立を守り、国及び国民の安全を保つために必要な自衛の措置をとることを妨げず、そのための実力組織として、法律の定めるところにより、内閣の首長たる内閣総理大臣を最高の指揮監督者とする自衛隊を保持する。（第 2 項）自衛隊の行動は、法律の定めるところにより、国会の承認その他の統制に服する。」とすること、②緊急事態条項、③参院選「合区解消」、④教育の充実の 4 項目である。特に①と②は集権型システムの強化、中央集権型軍事国家への転換を意味するものといえる。

においても大幅な修正が加えられている。その内容は、「地方創生」政策や交付税のトップランナー方式、震災復興、沖縄基地問題にみられるような一連の諸政策と関係しているように思われる。

　そこで補章では、特に地方自治と地方財政に焦点を当てて、憲法草案の意味するところについて考察することとしたい。

第1節　「地方自治の本旨」の形骸化は何を意味するのか

　まず、現行憲法における「地方自治」の規定からみておこう。第92条は、「地方公共団体の組織及び運営に関する事項は、地方自治の本旨に基づいて、法律でこれを定める」とされている。特に「地方自治の本旨」の規定については、明治憲法ではまったく触れられていなかったものであり、戦後の日本国憲法において初めて規定されたものである。戦前は、天皇制を中心とした地方名望家による自治であり、官僚が地方を支配するという意味で「官治的地方自治」とも呼ばれていた。その意味では、現行憲法に地方自治に関する一つの章が盛り込まれ、「地方自治の本旨」と規定された意義は大きい。

　「地方自治の本旨」をめぐってはいまだに論争が続いており、団体自治と住民自治のいずれを含むものかについては解釈上見解が分かれているが、ここでは地方自治は、住民の固有の権利であり、「住民自治を基礎として団体自治が確立すること」と規定しておきたい。[2]

　「憲法草案」についてみると、「地方自治の本旨」が未定義で用いられてきたため、条文化したとされる。草案92条1項では、「地方自治は住民の参画を基本とし、住民に身近な行政を自主的、自立的かつ総合的に実施することを旨として行う」、2項「住民は、その属する地方自治体の役割の提供を等しく受ける権利を有し、その負担を公平に分担する義務を負う」とした文言が新設されている。[3]その特徴と問題点を列挙すれば、以下の通りとなる。

　　2)　宮本憲一（2016）『[増補版] 日本の地方自治　その歴史と未来』自治体研究社。
　　3)　「憲法草案」では、国民に対して、地方自治負担分担義務の他にも、国旗国歌尊重義務（3条2項）、領土・資源確保義務（9条3項「国は、主権と独立を守るため、国民と協力して、領土、領海及び領空を保全し、その資源を確保しなければならない」）、国益及び公の秩序服役義務（12条）、

　第1に、「地方自治の本旨」に関しては、自治権を住民固有の権利として保障し、「住民自治」を基礎として「団体自治」を保障するといった内容からは、かなり乖離したものであるという点を確認しておかなければならない。

　第2に、92条1項で「住民の参画」という言葉が用いられているが、基本的人権を保障するという意味での「住民主権」の規定が存在しない点も注意しなければならない。これは「住民自治」を規定したものではなく、住民が主権者として位置づけられているものでもない。

　第3に、「自立」という言葉にも注意が必要である。96条とも関係してくるが、この条文から、自治体のモラルハザードを理由に地方交付税による財源保障や財政調整機能を廃止・縮小しようという論理へと展開していく可能性が高いことが窺える。その意味では「団体自治」保障の論理も盛り込まれていないことになる。

　第4に、権利については「提供を等しく受ける権利」という形で矮小化され、義務として「負担を公平に分担する義務」を課していることである。この規定では、住民はあくまでも行政から提供されるものに対して等しく受ける権利がある点だけが、明文化されており、住民が基本的人権を保障されるという意味での権利としての位置づけはなされていない。また、負担に対しては、「公平に分担する」という文言になっており、租税原則でいう負担公平性とはかなり違った表現になっている。つまり、応能課税ではなく、応益課税を強調し、受益者負担の強化につながっていく可能性が高い。

　第5に、地方自治体の役割を「住民に身近な行政」に限定していることである。このため、国の専権事項とされる外交・安全保障、通商分野の諸政策に対して、地方自治体や地方議会が国に対して関与しにくくなるといった問題がある。つまり、住民自治のみならず団体自治さえも形骸化される内容になっているといえる。

個人情報不正取得等禁止義務（19条2）、家族助け合い義務（24条）、緊急事態指示服従義務（99条3項）、憲法尊重擁護義務（102条1項）などを課している。一方で、「最高法規」としての条文「この憲法が日本国民に保障する基本的人権は、人類の多年にわたる自由獲得の努力の成果であって、これらの権利は、過去幾多の試練に堪え、現在及び将来の国民に対し、犯すことのできない永久の権利として信託されたものである」（第10章第97条）を完全に削除している。

次に、条例制定権についてみておこう。現行の憲法94条には「地方公共団体は、その財産を管理し、事務を処理し、行政を執行し、法律の範囲内で条例を制定することができる」とされているが、「憲法草案」では、95条「地方自治体はその事務を処理する権能を有し、法律の範囲内で条例を制定することができる」とされている。地方自治体の役割として位置づけられてきた「財産を管理し」、「行政を執行」するという部分が削除され、「事務を処理する」という文言だけが残された形で、条例制定権が規定されているのである。

　これまでにも条例制定権をめぐっては、たびたび論争が喚起されてきた。上乗せ、横出し条例と呼ばれるものがそれにあたる。条例制定権をめぐって制約条件となっていた問題の一つが機関委任事務であった。2000年の分権一括法以降、機関委任事務が廃止され、約55％が法定受託事務とされたが、残りの多くが自治事務となり、条例を制定して独自に対応することができるようになった。それでも多くの事務において国の関与は残されたままであった。「憲法草案」はそうした問題を前進させるどころか、条例制定権の範囲を単なる「事務の処理」という狭い範囲にとどめてしまっているのである。その意味では、地方自治の大幅な後退といわざるを得ない。

　また、地方議会での議事の範囲も限定的なものとされている。現行憲法では「地方公共団体には、法律の定めるところにより、その議事機関として議会を設置する」とされており、議事の内容については特に定められていない。これに対して、憲法草案では、94条1項「地方自治体には、法律の定めるところにより、条例その他重要項目を議決する機関として、議会を設置する」となっている。つまり、議会の議事事項を制約する内容になっているのである。憲法草案92条2項の規定にもあるように、国と地方の役割分担を行い、国からの指示で、重要項目として定められているものに限定されることになれば、これまで自治体が遂行してきた様々な政策において、地方独自の政策を展開する道が閉ざされることとなる。[4]

---

　4)　現行95条「特別法」については、「憲法草案」97条「特定の地方自治体の組織、運営もしくは他の地方自治体と異なる定めをし、又は特定の地方自治体の住民にのみ義務を課し、権利を制限する特別法」という規定になっており、特別法の規定も制約されたものとなっている。

第2節　憲法草案の「広域自治体」と地方財政

1　広域自治体と地方創生

　次に、地方自治体の定義についてみておこう。現行憲法では地方公共団体という表記に対して、「憲法草案」では地方自治体という表記に改められており、一見すると地方分権一括法による改正地方自治法を踏まえた「国と地方が対等協力関係にある」といった点を考慮したともよみとれる。しかし、実際の条文をみると、「憲法草案」の93条2項には、「地方自治体は基礎自治体及びこれを包括する広域地方自治体とすることを基本とし、その範囲は法律で定める」、3項「国及び地方自治体は法律の定める役割分担を踏まえ、協力しなければならない。地方自治体は相互に協力しなければならない」という条文が新設されている。ここでいう「広域地方自治体」とは、明らかに道州制を意図したものであるとみてよい。究極の構造改革ともいえる道州制を前提とすれば、国と地方間の枠組みや国土構造が大きく変わることとなる。すでにみたように、合併した市町村では「選択と集中」によって中心部への投資が進む一方で、周辺部の衰退が加速化されている。道州制が導入されれば、さらに広い範囲で域内格差は拡大することとなる。全国町村会が国の崩壊につながっていくとして、道州制導入に強く反対していることからもかわるように、農村部の過疎化や地域間格差がより一層進むこととなろう。

2　「憲法草案」と地方財政
　　　　——地方交付税トップランナー方式のもたらすもの——

　そこで、憲法草案と地方財政に関わる条項についてみることにしよう。「憲法草案」には地方財政に関わる条項が新設されている。まずその内容をみると、「憲法草案」では「地方自治体の財政及び国の財政措置」が新設されており、96条1項「地方自治体の経費は法律の定めるところにより、課する地方税その他の自主的な財源をもって充てることを基本とする」、2項「国は地方

自治体において、前項の自主的な財源だけでは地方自治体の行うべき役割の提供ができないときは、法律の定めるところにより、必要な財政上の措置を講じなければならない」、3項「第八十三条第二項の規定は、地方自治について準用する」とされている。

　その特徴は、地方の経費は地方税その他の自主的な財源を充てることを原則としていることである。自民党の説明では「自主的な財源」の中に地方交付税は含まれるとされるが、通常、地方交付税は依存財源であり、自主財源には含まれない。したがって地方自治体は、地方税などの自主財源を基本とし、財政的に自立することが求められることとなる。「必要な財政上の措置」が地方交付税によるものなのか、補助金によるものなのかも不明である。

　そもそも地方交付税は、国税4税の法定率分を財源として、地方自治体の財源を保障し、自治体間の財政力格差を是正する重要な役割を持つ制度である。ナショナル・ミニマムを保障する意味においても地方交付税は不可欠である。ところが、交付税見直しが急ピッチで進んでいる。その背景には、モラルハザード論がある。つまり、なるだけ交付税への依存を減らして、財政規律を高めていくという考え方である。すでに述べたとおり、財源保障機能重視から、成果主義重視の方向性への転換が明確に示されている。具体的には、歳出効率化に向けた業務改革でモデルとなるようなものを、地方交付税の基準財政需要額の算定に反映するという、いわゆる「トップランナー方式」の導入に典型的にみられる。

　こうした交付税の見直しが進められる一方で、「地方交付税の補助金化」すなわち地方債の一部を交付税で措置する仕組みは続いている。「緊急防災・減災事業」は、地域の防災力を強化するための施設整備、災害に強いまちづくりのための事業及び災害に迅速に対応するための情報網の構築などの地方単独事業等が対象となっている。財政措置は地方債の充当率が100%であり、元利償還金についてはその70%を地方交付税の基準財政需要額に算入されるシステムである。こうした地方単独事業に対する交付税措置は、地域総合整備事業債や合併特例債でも実施されてきたが、それが「交付税の補助金化」を招き、地方債を膨らませる要因となってきた。こうした点からみれば、財

政誘導による「地方交付税の補助金化」を是正し、一般財源としての地方交付税を保障するシステムの確立は不可欠である。

　しかし、「憲法草案」では、自主財源（地方税その他の自主的な財源）で賄うことを前提とした内容になっているのである。戦前の市町村財政は独立税に乏しく、国税や府県税の付加税が中心だった。当時は、市町村は部落有林野の財産収入で一次財源を賄うことを建前とされ、義務教育費などの経費が増加する中で、300種類も存在していたといわれる雑種税が課せられていた。それは貧しい住民に重い負担であったことから細民重課とも呼ばれていた。大正デモクラシー期に地租と営業税の両税委譲を含む自治要求が高まりを見せることとなるが、「憲法草案」の内容は、まさに戦前の地方財政を彷彿させるような内容である。

　自治体では財源確保のために、住民に対して負担を「公平に分担する」こと、すなわち受益者負担を高めていくこととなり、貧困な住民に重い負担が課せられていく。さらには、財政的な自立を促すために、すでに述べたような市町村合併や道州制の導入を進めるといったシナリオが描かれているといってよい。

第3節　沖縄基地問題と地方自治

　最後に、「憲法草案」と沖縄米軍基地問題について触れておきたい。[5] 普天間基地・辺野古新基地への移設や高江ヘリパッド基地建設をめぐる動きは、戦後、日本国憲法が施行されて以来、最大の危機的な状況を示しているといってよい。つまり、これまでみてきたような憲法の理念でもある「地方自治の本旨」や民主主義を根底から覆すような一連の動きが展開しているのである。

　2017年9月16日に、辺野古新基地建設のための公有水面埋め立てに関する福岡高裁那覇支部が示した判決は、国の主張を全面的に受け入れたものだった。つまり、基地の選定を国の専権事項だとして、沖縄県の埋め立て承認

---

5)　沖縄基地問題と財政については、川瀬光義（2013）『基地維持政策と財政』日本経済評論社、同（2018）『基地と財政─沖縄に基地を押しつける「醜い」財政政策』自治体研究社が詳しい。

に関わる権限を否定したのである。最高裁においても国の首長を全面的に認める判決が下された。2000年に施行された地方分権一括法のもとで、国と地方が対等協力関係にあるとされた点からみても、時代逆行にほかならない。

　判決では、法定受託事務である公有水面埋立法に対して、仲井真前知事の辺野古埋め立て承認を取り消した翁長知事を、不作為と判断した。前知事も、当初は沖縄県民の意思を尊重して埋め立てを認めなかった。しかし、沖縄振興予算3,000億円が示され、国からの圧力が加えられると一転して承認した。これに対して、翁長知事は「オール沖縄」の総意を代表して承認を取り消したのである。裁判所では当初、和解の判断が示され、これを受けて県では第三者委員会が開催された。ここでは重大な瑕疵があるとして認めることはできないとの見解を示したのであった。こうした手続きを示しているにもかかわらず。裁判所が示した判断はとても受け入れがたいものである。

　しかし、こうした一連の動きは「憲法草案」では国の専権事項ということとなり、沖縄において、県のみならず、在日米軍基地周辺の市町村議会が、基地の選定に対して意思を表明すること自体「違憲」とされてしまう可能性がある。憲法草案では首相の権限強化が盛り込まれており、閣議に諮らなくても、専権事項として①衆議院の解散権、②行政各部の指揮監督権、③国防軍の最高指揮権を一人で行使することができるとされる[6]。これまで発展してきた民主主義や地方自治を否定し、中央集権型国家システムへの転換を図ることが、「憲法草案」に盛り込まれた理念なのである。

---

6) 「検証　自民党改憲草案—その先に見えるもの4」『中日新聞』2013年6月8日付朝刊。

終章

地方財政権の確立と住民主権

　これまで財政誘導装置としての交付税、補助金に焦点を当てながら、分権の受け皿としての市町村合併推進から「地方創生」政策と集約的国土再編への流れを概括し、震災復興過程における国と地方間の問題にも言及しつつ、静岡県内自治体や宮城県石巻市などを事例に財政や市民生活に及ぼす影響について検証してきた。この過程においては、「分権改革」の一環として進められた市町村統合再編から、さらに中央集権型システムへの統治機構の再編という動きへと転換しつつあることが明らかとなっている。分権型というよりもむしろ集権型システムへの移行という側面が強く表れているといえる。

　かつて、ピーコック・ワイズマンは、イギリスをモデルに、両大戦間期における集中化過程と転位効果について提起した。[1] 2つの戦時期においては集中化あるいは集権化が進行し、その後も中央集中が進行すると説いたのである。第二次世界大戦後は、各国ともに地方の役割が増大していくが、集中化過程の逆流現象とまで論じられた。中央政府に比べて地方政府の役割がますます増大し、福祉や教育などその守備範囲はさらに大きくなった。1980年代には中央集権型福祉国家や中央指令型社会主義国家への批判がなされるようになり、1990年頃からは各国ともに分権への道を歩み始めた。[2] 分権には2つの道があり、一つは新自由主義的な小さな政府論を中心に展開した分権論と、いま一つは参加と自治を中心とした分権論である。とくに後者は民主主義の発展につよく関連付けられるところが大きい。

　1）　Alan T. Peacock and Jack Wiseman, *The Growth of Public Expenditure in the United Kingdom*, 1961, Princeton University Press.
　2）　宮本憲一（2018）「市町村合併の歴史的検討」『計画行政』第41巻2号等参照。

日本においては、2000 年の地方分権一括法以来、機関委任事務の廃止と法定受託事務、自治事務、国の直接執行事務への再編が実施され、分権改革という意味においては、一定の成果を上げることができた。しかし、「未完」の分権改革ともいわれるように、多くの課題が残された。三位一体改革においては、3 兆円の税源移譲が実施されたものの、2003 年から 2005 年の間に 9 兆 8,000 億円もの交付税や補助金がカットされ、自治体財政に多大な影響を及ぼした。このように、事務再配分はすすめられたものの、財源再配分は不十分である上、三位一体改革後においては、むしろ財源の中央集中が進んだのである。また、平成の大合併においては、約 3,200 の市町村が 1,700 程度にまで統合再編されたが、これは、期限付きの合併特例法による交付税を用いたアメとムチによる合併推進であった。そうした中で、一定数の小規模自治体が合併をせず、単独の道を選択した。編入合併によってさらに衰退が進むと判断されたためである。

　実際、広域的な合併を行った自治体ほど、中心部から離れた旧町村などを中心に、人口減少が加速化し、急速に衰退した。12 市町村という広域的な合併を実施した浜松市において典型的に見られるように、市役所や町村役場が統廃合されることで周辺部の衰退に拍車がかかった上、アセットマネジメントによる公共施設の見直しや立地適正化計画によるコンパクトシティ化などが急速に進められた。それがさらに地域の衰退を加速化されるという悪循環を招いたのである。こうした状況は、比較的広域的な合併を実施した自治体に多く見られた。

　本書では取り上げることはできなかったが、合併せず単独村の道を選択した小規模町村を調べると、長野県阿智村のように 20 年間、ほとんど人口が減少しない自治体も多くみられた。2018 年に調査に訪れたときには、移住者が多く、きめ細やかな対応をされているということだった。公民館では地区ごとにまちづくりについて話し合うといった市民参加が根付いており、若い職員も住民たちとともに参画するシステムが定着している。それは草の根民主主義の一つの形態でもある。

　また、隠岐諸島に位置する島根県海士町では、Ｕターン、Ｉターンによる

若い世代の移住が進んでいるが、これは教育、福祉、住宅、創業者支援など
の取り組みを積極的に行った成果である[3]。一時期は過疎化が進み、島根県立
島前高校が廃校の危機に陥ったが、まちによる高校魅力化政策の取り組みに
より、志願者数が増加し、高校が復活した。その背景には島留学制度も功を
奏している。町財政をやりくりしながら、子育て世帯への支援、公営住宅の
整備、創業者支援などを町独自の創意工夫を駆使して実施したこと、つまり、
人づくり、教育、福祉、雇用などに重点を置いた政策を実施したことが、地
域再生につながったのである。それはまさに地域の内発的発展モデルともい
える。

　2010年代以降、少子高齢社会への転換と財政危機を背景に、地方交付税ト
ップランナー方式、地方創生交付金による成果主義、「国土のグランドデザイ
ン2050」と立地適正化計画による日本版コンパクトシティ政策、拠点地域へ
の都市機能の集約といった政策が進められているが、それは市民生活におけ
る災害リスクをさらに高める側面を持っている。静岡市清水区におけるコン
パクトシティ構想と公的病院などの津波浸水区域への移転問題はその典型的
な事例である。

　東日本大震災の復興財政に関しては、2011年度から2015年度までの5年
間の集中復興期間、2016年度から2020年度までの5年間は第2ステージで
ある復興・創生期間と位置づけられた。前半は約26兆円であったのに対し
て、後半の総額は約6兆円とされた。復興財源は、所得税と住民税の復興増
税（所得税は2037年度まで、個人住民税は2023年度まで、法人税は2014年
度で打ち切り）や歳出削減（子ども手当見直し、公務員人件費削減など）等
によって賄われており、所得税の復興増税は2037年まで続けられることにな
る。復興関連予算は災害復旧事業や復興交付金事業という形で計上され、東
日本大震災後、復興庁の創設、復興交付金創設により、5省40事業や効果促
進事業という枠組みが設けられた。本書で論じてきたとおり、ハード面にお

3)　海士町には10年ほど前に、日本環境会議の企画で調査に訪れたが。海士町の行財政について
は、関耕平（2015）「『自律した幸福な島』からのメッセージ—島根県隠岐郡海士町」『農業と経済』
第81巻第5号等参照。

いては一定の成果がみられたものの、ソフト面やコミュニティの再生という点では課題が残された。

　広域的な市町村合併を実施した石巻市では、中心部と周辺部、とくに半島部との復興格差が拡大しつつある。全体的に大規模なインフラ整備に比べて暮らしの復興は遅れる傾向にあるが、石巻市ではその特徴が顕著であり、周辺部での過疎化が加速化する結果となった。一方、比較的小規模合併にとどまった東松島市では、住民主体でコミュニティ重視の復興が進んでいる。いま改めて、生活再建への公的支援拡充と住民参加型のコミュニティ再生が求められるといえる。

　また、コロナ禍においては、2020年に策定された経済総合対策における事業規模は73.6兆円であり、財政支出は国・地方あわせて40兆円規模の予算が組まれたが、地方自治体に対しては、新型コロナ地方創生臨時交付金が創設され、新型コロナ感染症対策はこの交付金を中心に展開していくことになった。交付金は内閣府が管轄し、それまで進められてきた「地方創生」政策の延長線上に位置づけられた。新型コロナ地方創生臨時交付金は、新型コロナウイルス感染症の拡大防止、人流抑制等の影響を受ける方々への支援、「新しい資本主義」の起動のいずれかに該当する事業で、新型コロナウイルス感染症への対応として実施される事業が交付対象とされることとなり、総額にして、予備費4兆円を合わせると15兆円規模となった。⁴⁾ それは地方交付税総額にも匹敵するほどの額であったが、一方では、地方交付税に関しては、その見直しによって、成果主義がより一層強められたのである。

　これら一連の諸政策は、行政部門を縮小させ、非正規雇用を拡大させる側面もある。改めて市町村のもつ機能を重視し、地方財政権の確立と住民主権の必要性が強調されるべきであろう。学習型住民運動として一定の成果を収めつつある旧清水市民の動きや沼津鉄道高架事業をめぐる住民運動、住民訴訟、住民提案の動きなどは、今後も注目すべきである。

---

4)　新型コロナウイルス関連予算については、2020年度から2022年度の予算や予備費の中で使途不明金が16兆円にも上ることが指摘されている（「不透明なコロナ支出」『毎日新聞』2022年5月5日付）。財務省財政制度等審議会の公表資料による。ただし、地方創生臨時交付金は含まれていない。

　現代資本主義における地域問題を解決するためには地域政策が必要となるが、それは自治体を中心に、市民の生活、安全、アメニティ（住み心地よさ）、福祉や教育の質的向上などを目的として、住民参加によって地域問題の解決を図ることが求められる。しかしながら、そうした地域政策が十分に機能されず、地域住民に対して多大な不利益がもたらされる時、それを是正する必要性が生じることになるが、そこで必然的に起こってくるのが住民運動や住民訴訟である。生活条件の改善を求める社会運動が住民運動ということになる。宮本憲一（1991）によれば、「現代的貧困の解決は住民運動を土台にせざるをえない[5]」としている。無党派を含む超党派の地域住民の世論や運動を土台にした政党と、その他の政治団体の活動も必要になり、自治体政策の転換を求める大きな動きへと転換していくことになる。地域においては、住民主体のサステナブルな発展に向けた提案型の住民運動の意義とともに、コミュニティを中心とした住民協同による参画システムと住民主権の重要性を再確認する必要があろう。

　また、「憲法草案」の地方自治や地方財政の関係をみると、憲法第8章地方自治に関わる条項において、「地方自治の本旨」における団体自治や住民自治も形骸化されることとなり、道州制の導入、条例制定権の制約、地方財政の自立を促して、住民の受益者負担を前提とすること、軍事や外交などは国の専権事項として特化される点などが明らかとなった。基地の立地問題は、地域住民の生活権や環境権とも深い関わりをもっており、自治権が保障されなければならない。

　現行憲法では第25条において、「すべて国民は、健康で文化的な最低限度の生活を営み権利を有する」という生存権が保障されている。この条文自体は基本的には変わりはないが、現行憲法12条、13条、22条、29条の「公共の福祉」を削除して、「公益及び公の秩序」にすり替えている。また、「憲法草案」の第24条においては「家族」という単位が規定されている。「家族は、社会の自然かつ基礎的な単位として、尊重される。家族は、互いに助け合わなければならない」とする条文も新設されており、自己責任、家族主義への

5）　宮本憲一（1999）『都市政策の思想と現実』有斐閣、48頁。

傾斜が示されている。全体として、中央集権型軍事国家をめざす内容となっているのである。与党からは軍事費を現在の GDP の 1% から 2 倍に、一般会計予算にして 5 兆円から 10 兆円にまで増額すべきとの見解も打ち出されている。

　かつてピーコックとワイズマンが提起した集中化過程と転位効果がみられたのは、両大戦間期であった。憲法 9 条による平和主義の放棄によって準戦時下に酷似した様相がみられるとすれば、民主主義の復権によって、いま一度、平和主義、基本的人権の尊重、国民主権、地方自治の意義を再確認することが最も重要な課題であるいえる。集権型システムから分権型システムへ、地方自治、住民自治の拡充こそ求められるべきであり、現行憲法の下で、ナショナル・ミニマムを保障し、地方交付税による財源保障によって地域間格差を是正しつつ、住民自治にもとづく福祉社会を構築する方向性こそ求められるべきであろう。

参 考 文 献

・赤井伸郎・佐藤主光・山下耕治（2003）『地方交付税の経済学—理論・実証に基づく改革』有斐閣。

・五十嵐敬喜（2022）『土地は誰のものか—人口減少時代の所有と利用』岩波新書。

・井上博夫（2013）「医療保障と医療体制の再建」岡田知弘・自治体問題研究所編『震災復興と自治体—「人間の復興」へのみち』自治体研究社、111-128 頁。

・井上博夫（2014）「大震災と「分権型・参加型福祉国家」」持田信樹・今井勝人編著『ソブリン危機と福祉国家財政』東京大学出版会、179-198 頁。

・岡田知弘（2012）『震災からの地域再生—人間の復興か惨事便乗型「構造改革」か』新日本出版社。

・岡田知弘（2014）『「自治体消滅」論を超えて』自治体研究社。

・岡田知弘・自治体問題研究所編（2013）『震災復興と自治体—「人間の復興」へのみち』自治体研究社。

・岡田知弘・川瀬光義・鈴木誠・冨樫幸一（2016）『国際化時代の地域経済学（第 4 版）』有斐閣。

・岡田知弘編著（2021）『コロナと地域経済—コロナと自治体 4』自治体研究社。

・樫田秀樹（2014）『"悪夢の超特急" リニア中央新幹線』旬報社。

・樫田秀樹（2017）『リニア新幹線が不可能な 7 つの理由』岩波書店。

・片桐正俊（2014）「東日本大震災復興財政の特徴と問題点・課題」中央大学政策文化総合研究所・佐藤元英・滝田賢治編著『3・11 複合災害と日本の課題』中央大学出版部、3-51 頁。

・川瀬憲子（1995）「地方中核都市における再開発事業と財政構造の変容」田中克志・小桜義明編『地方中核都市の街づくりと政策』信山社。

・川瀬憲子（2001）『市町村合併と自治体の財政—住民自治の視点から』自治体研究社。

・川瀬憲子（2008）「「三位一体の改革」と政府間財政関係—『平成の大合併』から地方財政健全化法への動きを中心として」『経済研究』静岡大学、12 巻 3 号、2008 年 1 月、1-22 頁。

・川瀬憲子（2011a）「東日本大震災後の復旧・復興過程にみる自治体財政—産業インフラ中心の復興と進まぬ生活再建」『経済科学通信』2011 年 12 月、78-84 頁。

・川瀬憲子（2011b）『「分権改革」と地方財政—住民自治と福祉社会の展望』自治体研究社。

・川瀬憲子（2012a）「東日本大震災後の復旧・復興と自治体財政—宮城県内自治体の事例を中心に」『経済研究』静岡大学、16 巻 4 号、2012 年 2 月、215-234 頁。

・川瀬憲子（2012b）『アメリカの補助金と州・地方財政—ジョンソン政権からオバマ政権へ』勁草書房。

・川瀬憲子（2013a）「被災者・被災地支援と市町村合併—宮城県石巻市財政を事例に」岡田知弘・自治体問題研究所『震災復興と自治体—「人間の復興」へのみち』自治体研究社、65-86 頁。

・川瀬憲子（2013b）「東日本大震災後の政府復興予算・一括交付金と自治体財政―宮城県石巻市を事例に」『経済論集』愛知大学経済学会、第190号、宮沢哲夫教授・宮入興一教授・退職記念号、313-342頁。

・川瀬憲子（2015）「市町村合併と復興格差をめぐる現状と課題―宮城県下の自治体の事例を中心に」『環境と公害』第45巻第2号、26-31頁。

・川瀬憲子（2016a）「大震災後の復興交付金事業と復興格差をめぐる諸問題」綱島不二雄・岡田知弘・塩崎賢明・宮入興一編『東日本大震災　復興の検証―どのようにして「惨事便乗型復興」を乗り越えるか』合同出版、115-136頁。

・川瀬憲子（2016b）「地方交付税におけるトップランナー方式の特徴と問題点」『診療研究』518号、19-24頁。

・川瀬憲子（2017a）「自民党憲法改正草案と地方自治・地方財政をめぐる課題」『自治と分権』66号、2017年1月、82-91頁。

・川瀬憲子（2017b）「地方自治・地方財政と憲法改正をめぐる論点―憲法施行70周年によせて」『月刊全労連』2017年9月号、13-23頁。

・川瀬憲子（2018）「大規模開発・リニア新幹線開発を問う―静岡県に及ぼす影響を中心に」『住民と自治』2018年5月、28-32頁。

・川瀬憲子（2020）「政府間関係再編下の地方財政―補助金・交付金に焦点を当てて」日本地方自治学会編『自治の現場と課題―地方自治叢書32』敬文堂、63-95頁。

・川瀬憲子（2022a）「コロナ禍における交付金事業と自治体財政―静岡県熱海市の事例検証」『経済研究』静岡大学、27巻1号、2022年（掲載予定）。

・川瀬憲子（2022b）「鉄道高架事業による巨大開発と自治体財政―静岡県沼津市の事例検証」『経済研究』静岡大学、27巻2号、2022年（掲載予定）。

・川瀬光義（2013）『基地維持政策と財政』日本経済評論社。

・川瀬光義（2018）『基地と財政―沖縄に基地を押しつける「醜い」財政政策』自治体研究社。

・沓澤隆司・竹本亨・赤井伸郎（2020）「市町村合併が都市のコンパクト化に与える影響―標準距離を用いたパネル分析」日本地方財政学会編『地方における圏域行政・連携中枢都市圏―日本地方財政学会研究叢書第27号』五絃舎、87-114頁。

・桒田但馬（2014）「大震災復旧・復興における自治体行財政運営と職員不足問題」『地方財政』第53巻7号、95-116頁。

・桒田但馬（2016）『地域・自治体の復興行財政・経済社会の課題―東日本大震災・岩手の軌跡から』クリエイツかもがわ。

・小西砂千夫（2022）『地方財政学―機能・制度・歴史』有斐閣。

・佐々木伯郎（2014）「震災復興と地方自治―2000年代以降の政策との関連で」小西砂千夫編『日本財政の現代史Ⅲ―構造改革とその行き詰まり2001年～』有斐閣、287-311頁。

・佐々木雅幸（2012）『創造都市への挑戦―産業と文化の息づく街へ』岩波書店。

・塩崎賢明（2009）『住宅復興とコミュニティ』日本経済評論社。

・塩崎賢明・西川栄一・出口俊一・兵庫県震災復興研究センター編（2010）『大震災15年と復興の備え』クリエイツかもがわ。

・塩崎賢明（2014）『復興〈災害〉—阪神・淡路大震災と東日本大震災』岩波新書。
・重森暁・関野満夫・川瀬憲子（2002）『地方交付税の改革課題—地域と自治体第 27 集』自治体研究社。
・清水修二（2011）『原発になお地域の未来を託せるか』自治体研究社。
・清水まちづくり市民の会編（2020）『まもろう愛しのまちを—LNG 火力発電所計画撤回の歩み』静岡新聞社。
・白藤博行・自治体問題研究所編（2020）『デジタル化でどうなる暮らしと地方自治』自治体研究社。
・白藤博行（2021）「デジタル庁の設置と国家統治の DX—デジタル改革で進む内閣総理大臣の「隠された大統領化」」『法と民主主義』557 号、2021 年 4 月号。
・震災 10 年市民検証研究会編著（2005）『阪神・淡路大震災 10 年—市民社会への発信』文理閣。
・神野直彦（2007）『財政学 改訂版』有斐閣。
・鈴木誠（2019）『戦後日本の地域政策と新たな潮流—分権と自治が拓く包摂社会』自治体研究社。
・鈴木浩（2022）『福島原発災害 10 年を経て—生活・生業の再建、地域社会・地域経済の再生に向けて』自治体研究社。
・関耕平（2015）「『自律した幸福な島』からのメッセージ—島根県隠岐郡海士町」『農業と経済』第 81 巻第 5 号。
・大震災と地方自治研究会編（1996）『大震災と地方自治—復興への提言』自治体研究社。
・武田公子（2009）「震災と自治体財政—輪島市の事例を中心に」『金沢大学経済論集』金沢大学経済学経営学系、第 30 巻第 1 号。
・武田公子（2013）「復興予算と自治体財政—陸前高田市の事例を中心に」『日本災害復興学会誌　復興』第 4 巻第 2 号、29-34 頁。
・武田公子（2018）『データベースで読み解く自治体財政』自治体研究社。
・竹本亨・赤井伸郎・沓澤隆司（2019）「人口減少による都市の非コンパクト化と財政悪化」『財政研究第 15 巻』有斐閣、163-180 頁。
・中島正博（2019）『「競争の時代」の国・地方財政関係論——一般財源は自治体の自由になるのか』自治体研究社。
・日本地方財政学会編（2012）『地方分権の 10 年と沖縄・震災復興—日本地方財政学会研究叢書第 19 号』勁草書房。
・日本地方財政学会編（2013）『大都市制度・震災復興と地方財政—日本地方財政学会研究叢書第 20 号』勁草書房。
・日本地方財政学会編（2014）『政令指定都市・震災復興都市財政の現状と課題—日本地方財政学会研究叢書第 21 号』勁草書房。
・橋山禮治郎（2011）『必要か、リニア新幹線』岩波書店。
・橋山禮治郎（2014）『リニア新幹線—巨大プロジェクトの「真実」』集英社新書。
・中山徹（2016）『人口減少と地域の再編—地方創生・連携中枢都市圏、コンパクトシティ』自治体研究社。

・平岡和久（2011）「大震災と復興政策・財政の課題」『地方自治職員研修』2011年6月。
・平岡和久（2011）「東日本大震災と復興の基本方向をめぐって」『経済科学通信』第126号、2011年9月。
・平岡和久・森裕之（2020）『新型コロナ対策と自治体財政―緊急アンケートから考える』自治体研究社。
・平岡和久（2020）『人口減少と危機のなかの地方行財政―自治拡充型福祉国家を求めて』自治体研究社。
・平岡和久・小関俊紀編著（2021）『新型コロナウイルス感染症と自治体の攻防―コロナと自治体1』自治体研究社。
・藤井亮二（2018）「財政投融資制度の転換点を振り返って」『経済・金融・財政　月刊資料』2018年11月、2-12頁。
・保母武彦（2015）「『地方創生』は国土・環境をどこへ導くか」『環境と公害』第45巻第2号。
・増田寛也編著（2014）『地方消滅―東京一極集中が招く人口急減』中央新書。
・宮入興一（1996）「大震災と財政改革」『経営と経済』長崎大学経済学会、75巻第3・4号。
・宮入興一（2006）「災害と地方財政」宮本憲一・遠藤宏一編著『セミナー現代地方財政 I ―「地域共同社会」再生の政治経済学』勁草書房。
・宮入興一（2011）「東日本大震災と復興のかたち―成長・開発型復興から人間の絆の復興へ」『世界』2011年8月。
・宮入興一（2013）「東日本大震災をめぐる復興・予算事業と税財政問題」『年報・中部の経済と社会2012年版』中部地方産業研究所。
・宮入興一・清水修二・川瀬憲子・井上博夫・武田公子（2014）「東日本大震災・原発災害と市町村財政」日本地方財政学会編（2014）『政令指定都市・震災復興都市財政の現状と課題―日本地方財政学会研究叢書第21号』勁草書房、19-36頁。
・宮本憲一（1967）『社会資本論』有斐閣。
・宮本憲一編（1979）『沼津住民運動の歩み』日本放送出版協会。
・宮本憲一（1981）『現代資本主義と国家―現代資本主義分析4』岩波書店。
・宮本憲一（1995）「都市経営から都市政策へ―震災の教訓と街づくり」『世界』1995年4月。
・宮本憲一（1999）『都市政策の思想と現実』有斐閣。
・宮本憲一・川瀬光義編（2010）『沖縄論―平和・環境・自治の島へ』岩波書店。
・宮本憲一（2014）『戦後日本公害史論』岩波書店。
・宮本憲一（2016）『［増補版］日本の地方自治　その歴史と未来』自治体研究社。
・宮本憲一（2018）「市町村合併の歴史的検討」『計画行政』第41巻第2号、4-9頁。
・室崎益輝・都司嘉宣・立石雅昭・野口邦和・吉井英勝編（2011）『震災復興の論点』新日本出版社。
・室崎益輝・幸田雅治編著（2013）『市町村合併による防災力空洞化―東日本大震災で露呈した弊害』ミネルヴァ書房。

・森裕之（2016）『公共施設の再編を問う—「地方創生」下の統廃合・再配置』自治体研究社。

・森裕之・諸富徹・川勝健志編（2020）『現代社会資本論』有斐閣。

・山崎丈夫編著（2011）『大震災とコミュニティ—復興は〝人の絆〟から』自治体研究社。

・横山純一（2014）「石巻市における東日本大震災からの復旧・復興と財政」『自治総研』1月号、通巻423号。

・リニア・市民ネット編著（2013）『危ないリニア新幹線』緑風出版。

・リニア・市民ネット（2017）『プロブレムQ&A　総点検・リニア新幹線—[問題点を徹底究明]』緑風出版。

・Peacock, Alan T. and Jack Wiseman, *The Growth of Public Expenditure in the United Kingdom*, 1961, Princeton University Press.

参 考 資 料

・『朝日新聞』2013 年 10 月 26 日付土曜版。
・熱海市（2015）「熱海市人口ビジョン」。
・熱海市（2015）「第一期熱海市まち・ひと・しごと創生総合戦略」。
・熱海市（2016）「熱海市公共施設に関するアンケート調査　結果報告書」。
・熱海市（2019）「熱海市公共施設個別施設アクションプラン（第Ⅰ期）」（2017 年 12 月、
　2019 年 3 月改定）。
・熱海市（2021）「第五次総合計画」。
・熱海市（2021）「第二期熱海市まち・ひと・しごと創生総合戦略」https://www.city.atami.
　lg.jp/_res/projects.（最終閲覧日 2022 年 3 月 10 日）。
・熱海市（2021）「令和 3 年度　市税の概要」。
・熱海市（2021）「令和 3 年度　当初予算のあらまし」。
・熱海市（2022）『令和 4 年度　一般会計・特別会計　予算書（附説明書）』。
・熱海市（2022）「熱海市伊豆山復興基本計画（骨子）」（2022 年 2 月）。
・熱海市（2022）『令和 2 年度　決算に係る主要な施策の成果に関する報告書並びに基金運
　用状況報告書』。
・熱海市（2022）「令和 4 年度　当初予算のあらまし」。
・熱海市決算カード各年度版。
・熱海市財政室資料（ヒアリング調査提供資料、2022 年 3 月 22 日実施）。
・石巻市決算カード各年度版。
・石巻市「決算書」各年度版。
・石巻市ヒアリング調査提供資料（最終実施日 2021 年 11 月 4 日）。
・石巻市「予算書」各年度版。
・『河北新聞』2015 年 5 月 25 日付。
・経済財政諮問会議（2020）「新経済・財政再生計画改革工程表 2020」2020 年 12 月 https://
　www5.cao.go.jp/keizai-shimon/kaigi/special/reform（最終閲覧日 2022 年 3 月 10 日）。
・国土交通省（2014）「国土のグランドデザイン 2050（概要版）」http://www.mlit.go.jp/
　common/001047113.pdf（最終閲覧日 2018 年 3 月 1 日）。
・国土交通省（2022）「コンパクトシティ形成支援事業」。
・財政制度等審議会（2014）「財政投融資を巡る課題と今後の在り方について」。
・総務省「地方財政関係資料」各年度版。
・総務省統計局（政府の統計窓口 e-stat）。
・静岡県（2021）「沼津鉄道高架事業」。
・静岡市（2016）「アセットマネジメントアクションプラン（2017-2022）」。
・静岡市（2020）「アセットマネジメントアクションプラン（第 1 次　2017-2022 年版）改
　訂版」
・静岡市合併協議会関係資料。

・静岡市予算書、決算書各年度版。
・静岡大学川瀬ゼミ（2021）「沼津市民アンケート調査」（実施日 2021 年 7 月）。
・静岡大学人文社会科学部経済学科川瀬ゼミ（2018）『リニア新幹線開発を問う』。
・地方債制度研究会編（2021）『令和 3 年度　地方債のあらまし』。
・地方制度調査会（2020）「2040 年頃から逆算し顕在化する諸課題に対応するために必要な地方行政体制のあり方等に関する答申」（第 32 次地方制度調査会答申）000693733.pdf （soumu.go.jp）（最終閲覧日 2022 年 3 月 20 日）。
・『中日新聞』2011 年 4 月 28 日付朝刊。
・『中日新聞』2013 年 6 月 8 日付朝刊。
・『東京新聞』2021 年 5 月 28 日付朝刊。
・内閣府（2015）『高齢社会白書』
・内閣府（2020）「国民の命と暮らしを守る安心と希望のための総合経済対策」（2020 年 12 月 8 日閣議決定）20201208_taisaku.pdf（cao.go.jp）（最終閲覧日 2022 年 3 月 25 日）。
・内閣府（2020）「新型コロナウイルス感染症緊急経済対策」（2020 年 4 月 7 日閣議決定　4 月 20 日変更）https://www5.cao.go.jp/keizai1/keizaitaisaku/2020/20200407_taisaku.pdf （最終閲覧日 2022 年 3 月 10 日）。
・内閣府（2020）「新型コロナウイルス感染症対応地方創生臨時交付金交付要綱」。
・内閣府（2021）「コロナ克服・新時代開拓のための経済対策」（2021 年 11 月 19 日閣議決定）20211119_taisaku.pdf（cao.go.jp）（最終閲覧日 2022 年 3 月 25 日）。
・内閣府（2021）「次の感染拡大に向けた安心確保のための取組の全体像」（2021 年 11 月 12 日）kihon_r_031112_2.pdf（corona.go.jp）（最終閲覧日 2022 年 3 月 25 日）。
・内閣府（2022）「新型コロナウイルス感染症対応地方創生臨時交付金」。
・『日刊建設新聞』2020 年 4 月 9 日付。
・『日本経済新聞』2013 年 8 月 25 日付。
・『日本経済新聞』2018 年 9 月 2 日付。
・『沼津朝日新聞』2022 年 4 月 6 日付。
・沼津市（2017）「沼津市長期財政に関する試算」。
・沼津市（2021）『沼津市統計書（令和 2 年版）』。
・沼津市（2021）「東駿河湾広域都市計画事業　静岡東部拠点第二地区土地区画整理事業事業計画書（第 1 回変更）」。
・沼津市（2021）「令和 3 年度　当初予算のあらまし」。
・沼津市（2021）「令和 3 年度　予算書」。
・沼津市（2022）「沼津駅周辺整備事業の概要」。
・沼津市（2022）「令和 2 年度　沼津市決算書」。
・沼津市「決算カード」各年度版。
・沼津市「住民基本台帳人口」各年度版。
・沼津市ヒアリング調査提供資料（実施日 2021 年 8 月 5 日）。
・浜松市（2019）区域再編関係資料。
・浜松市合併協議会関係資料。

・浜松市予算書、決算書各年度版。
・『毎日新聞』2014 年 9 月 7 日付。
・『毎日新聞』2022 年 5 月 5 日付。

初 出 一 覧

・川瀬憲子（2020）「政府間関係再編下の地方財政—補助金・交付金に焦点を当てて」日本
　地方自治学会編『自治の現場と課題—地方自治叢書 32』敬文堂。第 1 章、第 2 章
・川瀬憲子（2016）「地方交付税におけるトップランナー方式の特徴と問題点」『診療研究』
　518 号、第 1 章
・川瀬憲子（2018）「大規模開発・リニア中央新幹線開発を問う—静岡県に及ぼす影響を中
　心に」『住民と自治』2018 年 5 月。第 3 章
・川瀬憲子（2013）「東日本大震災後の政府復興予算・一括交付金と自治体財政—宮城県石
　巻市を事例に」『経済論集』愛知大学経済学会、第 190 号、宮沢哲夫教授・宮入興一教
　授・退職記念号。第 4 章
・川瀬憲子（2015）「市町村合併と復興格差をめぐる現状と課題—宮城県下の自治体の事例
　を中心に」『環境と公害』第 45 巻第 2 号。第 4 章
・川瀬憲子（2022）「コロナ禍における交付金事業と自治体財政—静岡県熱海市の事例検
　証」『経済研究』静岡大学、27 巻 1 号、2022 年（掲載予定）。第 5 章
・川瀬憲子（2022）「鉄道高架事業による巨大開発と自治体財政—静岡県沼津市の事例検
　証」『経済研究』静岡大学、27 巻 2 号、2022 年（掲載予定）。第 6 章
・川瀬憲子（2017）「自民党憲法草案と地方自治・地方財政をめぐる課題」『自治と分権』
　66 号、2017 年 1 月。補章

著者紹介

川瀬憲子（かわせのりこ）

静岡大学教授、京都大学博士（経済学）

1961 年　大阪市生まれ

1989 年　埼玉大学非常勤講師

1990 年　大阪市立大学大学院経営学研究科博士課程単位取得退学

　　　　静岡大学助教授、同准教授を経て、現職

専攻　財政学、地方財政学

主な著書

『市町村合併と自治体の財政—住民自治の視点から』
（自治体研究社、2001 年）

『地方交付税の改革課題—地域と自治体第 27 集』
（重森暁・関野満夫との共著、自治体研究社、2002 年）

『セミナー現代地方財政Ⅰ—「地域共同社会」再生の政治経済学』
（宮本憲一他との共著、勁草書房、2006 年）

『「分権改革」と地方財政—住民自治と福祉社会の展望』
（自治体研究社、2011 年）

『アメリカの補助金と州・地方財政—ジョンソン政権からオバマ政権へ』
（勁草書房、2012 年）

『震災復興と自治体—「人間の復興」へのみち』
（岡田知弘他との共著、自治体研究社、2013 年）

『東日本大震災　復興の検証—どのようにして「惨事便乗型復興」を乗り越えるか』
（綱島不二雄他との共著、合同出版、2016 年）ほか

集権型システムと自治体財政
　　——「分権改革」から「地方創生」へ——

2022 年 7 月 22 日　初版第 1 刷発行

著　者　川瀬憲子

発行者　長平　弘

発行所　株式会社　自治体研究社
　　　　〒162-8512 東京都新宿区矢来町 123　矢来ビル 4F
　　　　電話　03-3235-5941　ファックス　03-3235-5933
　　　　https://www.jichiken.jp/　E-mail：info@jichiken.jp

印刷・製本　モリモト印刷株式会社　　DTP 組版　赤塚　修

ISBN978-4-88037-743-8 C0033